Erfolgreich zum Top-Job

**Die besten Bewerbungstipps
praxisnah und kompakt**

Franz Bauer

Das Werk einschließlich aller seiner Teile ist urheberrechtlich geschützt.

Jede Verwertung ist ohne Zustimmung des Autors unzulässig.

Das gilt insbesondere für Vervielfältigungen, Übersetzungen, Mikroverfilmungen und die Einspeicherung und Verarbeitung in elektronischen Systemen.

Der Autor weist ausdrücklich darauf hin, dass im Text enthaltene externe Links vom Autor nur bis zum Zeitpunkt der Buchveröffentlichung eingesehen werden konnten. Auf spätere Veränderungen hat der Verlag keinerlei Einfluss. Eine Haftung des Autors ist daher ausgeschlossen.

Meistens wurde der Text gendergerecht verfasst. Im Sinne einer besseren Lesbarkeit der Texte wurde aber manchmal entweder die männliche oder weibliche Form von personenbezogenen Hauptwörtern gewählt. Dies impliziert keinesfalls eine Benachteiligung des jeweils anderen Geschlechts.

Copyright © 2018 Franz Bauer, Wien

Umschlagfoto: pixabay

Vorwort

In diesem Buch sind Erfahrungen aus über 15 Jahren als Karriere- und Bewerbungsberater eingeflossen. Auch meine Erfahrungen aus den Jahrzehnten davor als Unternehmensberater haben eine wichtige Rolle gespielt.

Durch meine Arbeit als Unternehmensberater habe ich eine Vielzahl von Unternehmen kennengelernt und gesehen, wie diese intern „ticken". Auch einige Personalabteilungen zählten zu meinen Kunden.

Als Führungskräfte-Berater waren oft auch Personalauswahl und Mitarbeiterführung Themen in den Beratungen, so habe ich aus erster Hand erfahren, worauf dieser Personenkreis Wert bei der MitarbeiterInnenauswahl legt.

Seit 2005 habe ich viele Personen als Karriere- und Bewerbungsberater begleiten dürfen. Daher kenne ich die Sorgen und Nöte der BewerberInnen aus sehr vielen Beratungsgesprächen.

Diese Erfahrungen aus den unterschiedlichen Sichten sind in diesem Buch zusammengeflossen.

Inhaltsverzeichnis

1 Einleitung und Überblick　　　　　　　　13

I. Abschnitt – Meine Fähigkeiten und Qualifikationen

2 Mein Erfolgsprofil　　　　　　　　　　　22
3 Stärken/Schwächen-Analyse - SWOT　　　31
4 Mein Success-Portfolio　　　　　　　　　35
5 Kompetenzenprofil　　　　　　　　　　　36
6 Zufall als Basis für die Karriereplanung?　41

II. Abschnitt - Führungskräfte-Kompetenzen

7 BSC der Führungskräfte-Kompetenzen　　46
8 Führungkräfte-Kompetenzen im Detail　　51
9 Exkurs: Selbstreflexion　　　　　　　　　58
10 Vier zentrale Fragen für Führungskräfte　61

III. Abschnitt - Bewerbungsstrategien und Stellensuche

11 Finden und gefunden werden!　　　　　66
12 Stellenanzeigen finden　　　　　　　　　69
13 Webseiten/Apps für die Stellensuche　　76
14 Exkurs: Was sind Metasuchportale?　　　78
15 Social Media Plattformen – Überblick　　79

IV. Abschnitt - Bewerbungsunterlagen

16 „EntscheiderInnen-orientierte" Bewerbung	88
17 Aufbau der Bewerbungsunterlagen	91
18 Kreative Bewerbungsunterlagen?	93
19 Tipps für Ihren Lebenslauf	95
20 Wie lange darf der Lebenslauf sein?	98
21 Lebenslauf - Beispiel	99
22 Lebenslauf – Erfolge im Mittelpunkt	101
23 Gibt es den EINEN Lebenslauf?	104
24 Inserate als Basis für eine maßgeschneiderte Bewerbung	109
25 Bewerbungsschreiben	115
26 Tipps für den Aufbau des Bewerbungsschreibens	116
27 Tipps für Einleitungssätze	119
28 Tipps für Bewerbungsschreiben	120
29 Sperrvermerke	123
30 Initiativ-Bewerbung	124
31 Zeugnisse (Zertifikate)	126
32 Dienstzeugnisse	127
33 Checkliste für Bewerbungsunterlagen	129
34 Bewerbungsvideos	131

V. Abschnitt - Bewerbungsgespräch

35 Bewerbungsgespräch – Kür und Pflicht	142
36 Telefoninterview und Video-Interview	147
37 Hearing	149
38 Assessment Center	150
39 Der Headhunter ruft an	152

VI. Abschnitt - Zum Schluss – Die besten Tipps kompakt

40 Selbstständigkeit in der Bewerbung	157
41 Studium in der Bewerbung	159
42 Zum Schluss – Die besten Tipps kompakt	160

DANKSAGUNG

Dieses Buch konnte nur entstehen, weil ich in den letzten Jahrzehnten viele Menschen ein Stück ihres Lebensweges als Berater begleiten durfte.

Bei ihnen möchte ich mich bedanken, dass sie mir so viel Vertrauen entgegengebracht haben!

1 Einleitung und Überblick

Wenn Sie dieses Buch durcharbeiten, dann durchlaufen Sie einen gesamten Bewerbungsprozess.

In den einzelnen Abschnitten und Kapiteln finden Sie alles Wesentliche für eine erfolgreiche Bewerbung.

Wichtige Tipps und Hinweise sind mit einem Rahmen hervorgehoben.

Übersicht über die Abschnitte des Buches:

I. Meine Fähigkeiten und Qualifikationen

II. Führungskräfte-Kompetenzen

III. Bewerbungsstrategien und Stellensuche

IV. Bewerbungsunterlagen

V. Bewerbungsgespräch

VI. Zum Schluss – Die besten Tipps kompakt

I. Abschnitt – Meine Fähigkeiten und Qualifikationen

Der erste Abschnitt beschäftigt sich mit Ihren erworbenen Qualifikationen, Interessen und Berufserfahrungen. Sie bauen sich dabei eine Sammlung Ihrer Erfolge auf (Success-Portfolio).

Sie werden sich auch Ihrer Stärken und Schwächen besser bewusst sein.

Ihre Erfolge und Stärken sind eine wesentliche Basis für den weiteren Bewerbungsprozess, darauf bauen auch Lebenslauf, Bewerbungsschreiben und Antworten im Bewerbungsgespräch auf.

Sie leiten aus der Analyse Ihrer Fähigkeiten und Qualifikationen ein Entwicklungsprofil für Ihre weitere Karriere ab.

Sie kennen danach Bereiche an denen Sie noch arbeiten sollten, wenn Sie in der Hierarchie nach oben steigen und immer mehr Verantwortung übernehmen werden.

Die Kapitel im Detail:

Mein Erfolgsprofil
Stärken/Schwächen-Analyse - SWOT
Mein Success-Portfolio
Kompetenzenprofil
Zufall als Basis für die Karriereplanung?

II. Abschnitt – Führungskräfte-Kompetenzen

Je mehr Verantwortung Sie als Führungskraft übernehmen, je höher Sie in der Hierarchie aufsteigen, umso komplexer werden Ihre Aufgabenstellungen.

In diesem Abschnitt wird eine Methode aus der Betriebswirtschaftslehre für den Bewerbungsprozess adaptiert, die Balanced Scorecard (BSC).

Die BSC mit ihren einzelnen Komponenten liefert ein umfassendes Bild welche Kompetenzen für eine Führungskraft von besonderer Bedeutung sind.

Dabei wird auf die Ausgewogenheit (balanced) der Kompetenzen besonders geachtet. Diese umfassende, systematische und ausgewogene Betrachtung liefert wertvolle Inputs für verschiedenste Themen im gesamten Verlauf der Bewerbung.

Speziell für Führungskräfte werden die Themen Vision, Strategie und die verschiedenen Prozesse im Unternehmen breiten Raum während der Bewerbung einnehmen.

Wenn Sie die BSC strukturiert durcharbeiten, sind Sie auch für diese Bereiche in Hearings, Assessment-Center (AC) und Präsentationen vor dem Vorstand bestens gerüstet.

Speziell für Führungskräfte stellen sich vier zentrale Fragen. Die Antworten darauf komprimieren das bisher Erarbeitete wieder zu einer fokussierten Darstellung.

Die Kapitel im Detail:

BSC der Führungskräfte-Kompetenzen
Führungkräfte-Kompetenzen im Detail
Exkurs - Selbstreflexion
Vier zentrale Fragen für Führungskräfte

III. Abschnitt - Bewerbungsstrategien und Stellensuche

Sie können unterschiedliche Strategien für Ihre Bewerbungsplanung und die einzelnen Schritte verfolgen.

Die aktive und die passive Strategie bieten sich als Möglichkeiten an.

Wenn Sie sich auf die Suche nach einer neuen Stelle begeben, dann werden Sie hier wichtige Hinweise und Tipps finden.

Welche Internetseiten, Portale und Apps sinnvoll genutzt werden können wird in diesem Abschnitt behandelt.

Es wird dabei auch auf die Rolle (Chancen, Nutzen und Gefahren) der diversen Social Media eingegangen.

Die Kapitel im Detail:

Strategien: Finden und gefunden werden
Stellenanzeigen finden
Webseiten/Apps für die Stellensuche
Exkurs: Was sind Metasuchportale?
Social Media Plattformen – Ein Überblick

IV. Abschnitt - Bewerbungsunterlagen

Auf den Grundsätzen der „entscheiderInnenorientierten Bewerbung" basierend, werden Lebenslauf und Bewerbungsschreiben ausgearbeitet.

Aufbau, Struktur und Inhalte der Bewerbungsunterlagen werden detailliert behandelt. In diesem Abschnitt finden Sie Tipps und Musterformulierungen für eine erfolgsorientierte Darstellung.

Zu vollständigen Bewerbungsunterlagen gehören auch (Dienst-)Zeugnisse und Zertifikate, auch darauf wird hier eingegangen.

Es wird gezeigt, wie Inserate bei der Ausarbeitung der Bewerbungsunterlagen eine wichtige Rolle spielen können.

Auch für die anspruchsvolle Variante der Initiativ-Bewerbung werden Sie wertvolle Tipps finden.

Eine Checkliste für die Bewerbungsunterlagen bringt die Tipps noch einmal auf den Punkt.

Ausführlich werden auch Bewerbungsvideos beleuchtet, die immer mehr zur Modeströmung werden.

Hier erhalten Sie wichtige Tipps und Hinweise für Aufbau, Inhalt, Technik und Szenengestaltung.

Nicht immer sind Bewerbungsvideos sinnvoll. Daher gibt es noch Empfehlungen für wen und welche Branchen diese moderne Form der Bewerbung geeignet ist.

Die Kapitel im Detail:

„EntscheiderInnen-orientierten" Bewerbung
Aufbau der Bewerbungsunterlagen
Tipps für Ihren Lebenslauf
Wie lange darf der Lebenslauf sein?
Lebenslauf - Beispiel
Lebenslauf – Erfolge im Mittelpunkt
Gibt es den EINEN Lebenslauf?
Inserate als Basis für eine maßgeschneiderte Bewerbung
Das Bewerbungsschreiben
Tipps für den Aufbau des Bewerbungsschreibens
Tipps für Einleitungssätze
Tipps zur Gestaltung eines Bewerbungsschreibens
Sperrvermerke
Initiativ-Bewerbung
Zeugnisse (Ausbildungen)
Dienstzeugnisse
Checkliste für Bewerbungsunterlagen
Bewerbungsvideos

V. Abschnitt – **Bewerbungsgespräch**

Bewerbungsgespräche sind immer wieder eine große Herausforderung. Für eine optimale Vorbereitung darauf haben Sie in den vorigen Kapiteln schon eine umfangreiche Basis gelegt.

Es gibt extrem viele unterschiedliche Fragen, die Ihnen gestellt werden können. Daher wird in diesem Buch der Schwerpunkt auf grundlegende Prinzipien gelegt.

Wenn Sie diese beachten, dann sind Sie viel besser vorbereitet, als wenn Sie Antworten aus einem Frage-Antwort-Katalog auswendig lernen.

Damit sind Sie sowohl auf die Fragen aus dem Bereich Pflicht (die „Klassiker"), aber auch auf die Kür (das „Unerwartete") sehr gut vorbereitet.

Dieser Abschnitt liefert Ihnen aber auch wichtige Hinweise und Tipps für die immer häufiger eingesetzten Telefon- oder Video-Interviews.

Nicht nervös werden, wenn der Headhunter anruft! Auch für diesen Fall bekommen Sie einen Handlungsleitfaden von mir.

Die Kapitel im Detail:

Bewerbungsgespräch – Fragen Kür und Pflicht
Telefoninterview und Video-Interview
Hearing
Der Headhunter ruft an

VI. Abschnitt – Selbstständigkeit und Studium

Sie sind als Selbstständiger gescheitert? Sie haben ein Studium, das so gar nicht zur ausgeschriebenen Stelle passt?

In diesem Abschnitt erfahren Sie, was Sie in Ihrer Zeit als UnternehmerIn und als StudentIn für Mehrwert stiftende und nützliche Erfahrungen gemacht haben.

Vieles was Sie in dieser Zeit gelernt und gemacht haben bringt nun Nutzen für Ihren Karriereweg!

Die Kapitel im Detail:

Selbstständigkeit in der Bewerbung
Studium in der Bewerbung
Zum Schluss – Die besten Tipps kompakt

I. Abschnitt – Meine Fähigkeiten und Qualifikationen

Die Kapitel im Detail:

Mein Erfolgsprofil
Stärken/Schwächen-Analyse - SWOT
Mein Success-Portfolio
Kompetenzenprofil
Zufall als Basis für die Karriereplanung?

2 Mein Erfolgsprofil

Um sich erfolgreich zu bewerben, ist eine gründliche Selbstanalyse und das Erstellen des persönlichen Profils wichtig. Im ersten Schritt fragen Sie sich daher:

Was kann ich?

Listen Sie alle Ihre Fähigkeiten aufgrund Ihrer Ausbildung und Berufserfahrung auf (auch Fremdsprachen, Softwarekenntnisse usw.)

Überlegen Sie, was Ihnen Schwierigkeiten gemacht hat und welche Situationen Sie besonders gut gemeistert haben.

Vielleicht macht Ihnen das Auflisten der Erfahrungen Schwierigkeiten, aber es wird spätestens dann zur Top-Unterstützung, wenn Sie einen potentiellen Arbeitgeber davon überzeugen wollen, warum gerade Sie die/der Richtige für den freien Job sind.

Gehen Sie Ihre einzelnen Lebensabschnitte durch und notieren Sie jene speziellen Fertigkeiten und Erfahrungen, die Sie damals gesammelt haben.

Sie können ruhig mehrere Firmen in denen Sie gearbeitet haben als einen Erfahrungspool zusammenfassen.

> **Tipp:**
> Beschreiben Sie die Erfahrungen mit möglichst konkreten Tätigkeiten! Dann haben Sie diese bei Bedarf in Bewerbungsgesprächen, auch schon beim Schreiben des Bewerbungsschreibens, auf Abruf bereit.

Eine genaue Bestandsaufnahme Ihrer Kenntnisse, Erfahrungen und Interessen bringt Zusatz-Werte ans Tageslicht, mit denen Sie sich von den anderen Bewerbungen unterscheiden können.

Beispiele für Berufserfahrungen:

statt	besser
Lieferanten-betreuung	Lieferantenbeurteilungen selbstständig abwickeln Lieferantenpreise erfolgreich verhandeln
Kunden-betreuung	Kunden beim Kauf von XYZ beraten Aktiv am Telefon verkaufen Reklamationen bearbeiten
Markt-beobachtung	Veränderungen und Entwicklungen der CEE-Märkte analysieren Marktprognosen für Produkt XY auf dem ABC Markt erstellen

Was will ich wirklich?

Die entscheidende Frage überhaupt. Stopp es gilt nicht, wenn Sie darauf antworten: einen Job mit dem ich viel Geld verdiene, damit ich in 5 Jahren auf der eigenen Insel Urlaub machen kann.

Was wollen Sie wirklich erreichen? Wo wollen Sie in 5 oder 10 Jahren beruflich sein? Welche berufliche Position streben Sie an, in welcher Branche wollen Sie tätig sein?

Wenn hinter Ihrer Bewerbung nicht nur Fachkenntnisse, sondern spürbar auch persönliches Engagement steht, dann gibt das Ihrer Bewerbung erst die „gewisse Power"!

Je genauer Sie Ihr Ziel definieren, desto höher stehen die Chancen, dass Sie es erreichen!

Überlegen Sie einen Moment und fragen Sie sich, was Ihnen hinsichtlich Ihrer zukünftigen Tätigkeit wichtig ist.

Beispiele für Tätigkeiten, die Ihnen in Zukunft besonders wichtig sind:
selbstverantwortliches Arbeiten
positives Arbeitsklima
hohes Maß an Verantwortung
vielseitige und abwechslungsreiche Tätigkeit
wechselnde Inhalte
Aufstiegschancen
kooperativer Führungsstil
hohes Gehalt usw.

Gab es bisher im Job Tätigkeiten oder Aufgaben, auf die Sie sich **besonders gefreut** haben?

Oder welche, die Sie nach Möglichkeit **vermieden** haben?

Notieren Sie **ausgeprägte Interessen** auch abseits Ihrer bisherigen Jobs:

Das sind solche, die Sie durch konkrete Aktivitäten (Hobbys, Vereine) bzw. durch intensive Auseinandersetzung (Bücher, Vorträge) bereits praktiziert haben.

Berufliche Interessen – Was macht mir besondere Freude?

Beispiele:
Konzepte zielgruppenspezifisch aufbereiten
Texte leicht lesbar schreiben und mit Grafiken versehen
Pläne ausarbeiten für besonders kniffelige Fälle
…

Gibt es im Beruf Situationen, in denen Sie sich erfahrungsgemäß spontan wohl (Stärken) oder blockiert (Schwächen) fühlten?

In denen Sie öfter als andere Lob – oder auch Kritik – ernteten?

Notieren Sie für jede Anforderung Ihre Selbsteinschätzung. Im Allgemeinen wird sie im normalen/mittleren Bereich liegen („nicht extrem").

Vielleicht gelingt es Ihnen besser, zunächst festzuhalten was Sie nicht wollen (Abneigungen):

Fragen Sie sich, woran es lag, dass Sie das eine oder andere nicht erreicht haben, obwohl Sie es wollten. Halten Sie fest, was Sie für einen neuen Job auf keinen Fall opfern würden (Umzug in eine andere Stadt, Zeit für die Familie/Freunde/Hobbys, ...)

Sie haben vielleicht bemerkt, dass hier die Begriffe Stärken/Interessen oder Abneigungen/Schwäche sehr unscharf definiert sind.

Lassen Sie sich nicht von allzu genauen Definitionen einschränken, folgen Sie hier lieber einfach Ihrem Bauchgefühl.

Verstehen Sie diese Sammlung im Sinne eines Brainstormings, wo alles erlaubt ist, was Ihnen zu den angeführten Fragen und Themen einfällt.

Tragen Sie die von Ihnen ausgearbeiteten Fähigkeiten, Interessen, aber auch Abneigungen und **in eine Tabelle** ein.

Im nächsten Schritt **bewerten** Sie die einzelnen Themen. Wobei Sie mit (1) eine extreme Stärke und mit (10) eine extreme Abneigung/Schwäche bewerten.

Sollten Sie einzelne Bewertungen im extremen Bereich der Stärken (1) oder im extremen Bereich der Blockaden (10) setzen, empfiehlt sich eine kurze Anmerkung, was genau Sie damit meinen.

Zu einem späteren Zeitpunkt empfiehlt es sich darüber noch tiefer zu reflektieren.

Nr.	Fähigkeiten	
1	Freude an Arbeit in Teams	
2	Strategien und Visionen ausarbeiten	
3	Konzepte präsentieren	
4	Vernetzt denken	
5	Vertragsverhandlungen führen	
6	Interkulturelles Verständnis	
7	Abläufe analysieren	
8	Ausgeprägtes Qualitätsbewusstsein	
...		

1 ..... extreme Stärke
10 ... extreme Abneigung/Schwäche

Analysieren Sie im nächsten Schritt, welche Anforderungen Ihr Traumjob stellt.

Tragen Sie auch die Anforderungen in eine Tabelle ein und bewerten Sie diese wiederum mit 1 bis 10, für extreme Stärke und Schwäche.

Nr.	Anforderungen	
1	Im Team gut auskommen	
3	Mit Kritik umgehen können	
4	Sich gegen Widerstand durchsetzen	
5	Hart verhandeln müssen	
6	Andere zu motivieren	
7	Auf Unbekannte zugehen müssen	
8	Große Verantwortung tragen	
9	Unter Zeitdruck entscheiden	
10	ständig ändernde Anforderungen	
11	schnell improvisieren müssen	
12	Informationsflut filtern	
13	komplizierte Abläufe organisieren	
14	Tagesablauf selbst organisieren	
...		

1 ..... extreme Stärke
10 ... extreme Abneigung/Schwäche

Vergleichen Sie nun die Ergebnisse der Tabellen mit den Fähigkeiten mit der Tabelle mit den Anforderungen.

Stellen Sie sich dabei folgende Fragen:

Wo gibt es Überschneidungen?
Welche Stärken können Sie bei den Anforderungen optimal einsetzen?
Welche Anforderungen können Sie nicht erfüllen?
Woran müssen Sie noch arbeiten?

Tipp:

Fokussieren Sie sich dabei auf Ihre Stärken!

Haben Sie Schwächen bei MUSS-Anforderungen einer Stelle, dann müssen Sie sich dort weiterentwickeln.

Es könnte aber auch die falsche Stelle sein!

Im Kapitel „Inserate als Basis für eine maßgeschneiderte Bewerbung", bekommen Sie weitere wichtige Tipps, wie Sie die Anforderungen von Stellen analysieren können.

Warum will ich?

Beantworten Sie diese Frage vor allem, wenn Sie ein bestehendes Arbeitsverhältnis beenden wollen.

Überlegen Sie genau, welche Gründe für den Wunsch nach einem neuen Arbeitsplatz ausschlaggebend sind (Verhältnis zu Kollegen / Vorgesetzten? Arbeitszeit oder –platzentfernung, Bezahlung?...)

Was ist möglich?

Gratulation, Sie wissen jetzt über Ihre Kenntnisse, Fähigkeiten und Eigenschaften Bescheid und sind sich über Ihre Wünsche und Ihre Motivation im Klaren.

Nun gilt es zu vergleichen. Werden Sie mit Ihren derzeitigen Kenntnissen, Fähigkeiten und Eigenschaften Ihre Wünsche und Ziele erreichen?

Nein, dann überlegen Sie, wo und wie Sie sich die fehlenden Kenntnisse und Fähigkeiten aneignen, um ans Ziel Ihrer Wünsche zu kommen.

Zwischenzeitlich empfiehlt es sich, einem Beruf nachzugehen, der Ihrem derzeitigen Stand entspricht.**Ja**, dann sortieren Sie die Stellenangebote danach aus. Teilen Sie zunächst in „interessant" und „nicht interessant" ein.

In einem zweiten Schritt prüfen Sie die Jobangebote genauer und filtern Sie heraus, welches zu Ihnen „passt".

TIPP:

Nehmen Sie sich dafür wirklich Zeit und beantworten Sie diese Fragen ausführlich.

3 Stärken/Schwächen-Analyse - SWOT

Die SWOT-Analyse ist eine weitere Methode aus der Betriebswirtschaftslehre, die sich sehr gut im Bewerbungsprozess einsetzen lässt.

Was heißt SWOT?

Strengths (Stärken)
Weaknesses (Schwächen)
Opportunities (Chancen)
Threats (Bedrohungen)

Mit der SWOT-Analyse können Sie sich Ihre Stärken und Schwächen bewusst machen.

In fast jedem Bewerbungsratgeber wird die Frage nach den Stärken und Schwächen angeführt.

Mit dieser Methode können Sie sich zusätzlich Risiken und Bedrohungen genauer anschauen.

Wenn Sie die Gefahren frühzeitig erkannt haben, dann können Sie darauf auch proaktiv reagieren.

Hinweis:

Viel bedeutsamer ist jedoch die Konzentration auf Ihre Stärken, Erfolge und Chancen!

Mit den angeführten Fragen werden Sie sich klarer werden, wo Sie wirklich gut sind. Was die Basis Ihrer Erfolge ist und woraus Sie Energie schöpfen für den harten Berufsalltag!

Tipp:

Nehmen Sie sich ausreichend Zeit für die Bearbeitung der SWOT-Analyse.

Überschlafen Sie die Ergebnisse und überdenken Sie die Ergebnisse mit einem zeitlichen Abstand.

Stärken/Strengths

Worauf bin ich stolz?
Was gibt mir Energie?
Wo liegen meine Wissensschwerpunkte?
Welche Arbeiten erledigen ich wirklich gern?
Was kann ich richtig gut?
Welche Erfolge befriedigen mich am meisten?
Was hat mir während der Ausbildung, Studium besonders gefallen?
Welche Fertigkeiten oder Leistungen zeichnen mich gegenüber (Ex-)Kollegen besonders aus?
Wo bin ich gut im Umgang mit Menschen?
Was sind meine Leidenschaften/Hobbies?
Woran erkennt jemand anderer diese Stärke? Was würde mein bester Freund oder meine beste Freundin auf diese Frage nach Ihrer größten Stärke antworten?

Schwächen/Weakness

Wo fühle ich mich unsicher?
Was läuft nicht so gut?
Was ist für mich schwierig?
Was hindert mich am meisten?
Was ärgert andere an mir am meisten?
Wo sehe ich meinen größten Lernbedarf?

Chancen/Opportunities

Welche Herausforderungen reizen mich am meisten?
Welche Freiräume habe ich beruflich und privat?
Wo sehe ich meine Chancen?
Wie kann ich mein Netzwerk intensiver nutzen?
Welche Stärken/Fähigkeiten habe ich, die ich noch ausbauen kann?
Welche Veränderungen stehen bevor, die positiv für mich sein werden?

Gefahren/Threats

Was haben andere Menschen, was mir fehlt?
Wo sind KollegInnen besser als ich?
Wo lauern künftige Gefahren/Risiken?
Stehen berufliche oder private Veränderungen bevor, die schwierig sein werden?

Sie können die Ergebnisse auch in der bekannten Darstellung mit den vier Quadraten **visualisieren**. So haben Sie einen raschen und komprimierten Überblick.

Stärken/**S**trength	Schwächen/**W**eakness
Chancen/**O**pportunities	Gefahren/**T**hreats

Diese Ergebnisse sind eine sehr gute Basis für viele Fragen im Vorstellungsgespräch und Ihr **Success-Portfolio**.

4 Mein Success-Portfolio

Aufbauend auf der Sammlung der erfolgreichen Projekte und Success-Stories wird ein „Katalog/Portfolio" aus den beruflichen Erfolgen zusammengestellt.

Darunter fallen auch gemeisterte Krisen, Beispiele, wo Ihre Stärken zur Geltung gekommen sind, übererfüllte Zielvorgaben, besonders gute „Arbeitsproben", Projektbeschreibungen, Referenz-/Anerkennungsschreiben, gewonnene Preise/Awards u.ä.

Im ersten Schritt ist diese Sammlung ihrer Stärken und Erfolge nur für Sie persönlich bestimmt.

Aber in Bewerbungssituationen können Sie dann auf das präsentationsfähig vorbereitete Material zugreifen.

In einem letzten Schritt müssen Sie nur noch die vorbereiteten Unterlagen für die spezielle Zielgruppe anpassen.

Wenn Sie sich auf eine Bewerbung vorbereiten, dann wählen Sie jene Bausteine aus Ihrem Katalog/Portfolio aus, die am besten für die ausgeschriebene Stelle Ihre Stärken herausstreichen.

Damit können Sie deutlich an konkreten Beispielen darstellen, warum Sie der/die Richtige sind. Diese Sammlung wird ständig mit Ihnen und Ihren Aufgaben mitwachsen und sehr bald eine umfangreiche und aussagekräftige Präsentation Ihrer besonderen Qualitäten sein.

5 Kompetenzenprofil

Eine gute Führungskraft muss eine Vielzahl von Kompetenzen besitzen. Soziale, emotionale, intellektuelle und natürlich auch fachliche Kompetenzen.

In diesem Kapitel finden Sie weiter unten eine Tabelle mit wichtigen Kompetenzen für Führungskräfte.

Einige dieser Kompetenzen werden auch in anderen Kapiteln behandelt. Denken Sie an die BSC für Führungskräfte.

Nun sollten Sie sich aber auch die Frage stellen, wo stehe ich derzeit mit meinen Kompetenzen?

Wo bin ich schon sehr gut und wo gibt es noch Entwicklungspotential?

In manchen Branchen und Fachrichtungen werden manche der hier aufgeführten Kompetenzen mehr oder weniger wichtig sein.

Beurteilen Sie das nun nicht leichtfertig schnell, sondern analysieren Sie genau und gewissenhaft.

Bemerkenswert ist die Reihenfolge!

Je höher Sie in der Hierarchie aufsteigen, umso wichtiger werden die an vorderster Stelle angeführten Kompetenzen.

> **Hinweis**:
>
> Ein tiefes Verständnis der Produkte und Dienstleistungen ist natürlich unabdingbar, genauso wie das Verständnis des Marktes, den Sie bearbeiten werden.
>
> Das Gleiche gilt auch für grundsätzliche betriebswirtschaftliche Zusammenhänge!
>
> Seien Sie absolut ehrlich, wenn Sie nun die Noten zu Ihren Kompetenzen vergeben!

Um ein besseres Bild von sich selbst zu bekommen, können Sie auch Feedback von Vorgesetzten/KollegInnen einholen.

Wie würden diese Personen Sie beurteilen? Fragen Sie nur Personen, zu denen Sie ein großes Vertrauensverhältnis haben. Nur so bekommen Sie ehrliche offene Antworten, wo Sie stehen.

Vergleichen Sie auch die Unterschiede in der Selbst- und Fremdbeurteilung. Woher kommen die unterschiedlichen Bewertungen? Fragen Sie nach!

Wo haben Sie Entwicklungspotential entdeckt?
Was müssen Sie nun machen, um in allen wesentlichen Kompetenzen zu punkten?
Was sind Ihre konkreten nächsten Schritte dorthin?

Hier nun die Tabelle mit den Kompetenzen zur Selbstbewertung nach dem Schulnotensystem:

Franz Bauer

Kompetenz	Ausprägung	Note
Führungsfähigkeit	Mitarbeiterorientierung, Mitarbeitermotivation	1 2 3 4 5
Sozialkompetenz	Empathiefähigkeit, Emotionale Intelligenz	1 2 3 4 5
Visionsfähigkeit	Abstraktionsfähigkeit, strategisches Denken	1 2 3 4 5
Teamfähigkeit	gemeinsames Lösungen finden	1 2 3 4 5
Analytische Fähigkeiten	Konzeptionelles, analytisches Denken	1 2 3 4 5
Kommunikationsfähigkeit	Mündliche/ schriftliche Ausdrucksfähigkeit, Rhetorik	1 2 3 4 5
Initiative	Engagement, Eigeninitiative	1 2 3 4 5
Ausstrahlung	Charisma, positive Ausstrahlung, Optimismus	1 2 3 4 5
Durchsetzungsstärke	Durchsetzungsfähigkeit, -vermögen	1 2 3 4 5
Ergebnisorientierung	Zielerreichung, -verfolgung, Prioritäten setzen	1 2 3 4 5
Entscheidungsfähigkeit	Entscheidungsfreude und -kraft	1 2 3 4 5

Kompetenz	Ausprägung	Note
Leistungswille	Selbstmotivation, Leistungsorientierung	1 2 3 4 5
Integrität	Loyalität, Zuverlässigkeit	1 2 3 4 5
Urteilsvermögen	Wesentliches erkennen können	1 2 3 4 5
Mitarbeiterintegration	Einbindung von MitarbeiterInnen in Entscheidungen, Delegetionsfähigkeit	1 2 3 4 5
Frustrationstoleranz	Umgang mit Rückschlägen, Kritikfähigkeit	1 2 3 4 5
Branchenkenntnisse	Branchenwechsel ist beim Aufstieg eher die Ausnahme!	1 2 3 4 5
Flexibilität	regional	1 2 3 4 5
Networking	Vernetzung mit relevanten EntscheidungsträgerInnen, aktive Kontaktpflege, Selbstmarketing	1 2 3 4 5
Interkulturelle Kompetenzen	Verständnis und Kenntnis anderer Kulturen	1 2 3 4 5

Kompetenz	Ausprägung	Note
Management-Methoden *)	BSC, SWOT, GPO, QM, Lean Management, Lebenszyklus, strategische und operative Unternehmensführung, Personalführung (OE, PE, MA-Führung, MBO,..) Portfolioanalyse, Share- und Stakeholder, Branchen-Analyse, Benschmarking, Rechnungswesen, rechtliche Grundlagen, ...	1 2 3 4 5
**)		1 2 3 4 5
		1 2 3 4 5

*) Die Management-Methoden können Sie bei der Bewertung noch in weitere Zeilen aufspalten, wenn Sie bei einzelnen Methoden bereits Fähigkeiten erworben haben.

Diese Aufzählung ist exemplarisch und nicht vollständig.

**) Ergänzen Sie eventuell die Liste um Kompetenzen, die aus Ihrer Sicht für die Führungs- oder CEO-Rolle bedeutsam sind.

6 Zufall als Basis für die Karriereplanung?

Als ich Betriebswirtschaft studiert habe, hätte ich mir nicht denken können, dass ich jemals meinen Traumberuf in der Führungskräfte- und Karriereberatung finden würde.

Durch einige Umwege und Zufälle bin ich dann bei meinem Traumberuf gelandet.

John Krumboltz von der Stanford-Universität hat die Theorie der planned happenstance entwickelt.

Dabei geht es um einen Karriereweg der aus glücklichen Zufällen, ungeplanten und unerwarteten Wendungen im (Berufs-)leben steht.

> **Schaffe selbst deine glücklichen Zufälle im Leben!**

Ist das nicht ein Widerspruch? Zufälle schaffen? Krumboltz sieht das Leben als Lotterie und je mehr Lose wir kaufen, umso größer ist die Chance auf den großen Gewinn.

Für das Berufsleben bedeutet das, seinen Visionen, seinen großen Idealen und Wünschen treu zu bleiben und sie konsequent zu verfolgen.

Passieren Rückschläge, dann muss man trotzdem seiner Idee treu bleiben und muss weiter seine Ideen verfolgen!

Erster Schritt, um dem Zufall auf die Sprünge zu verhelfen:

Stellen Sie sich die Frage, welche Zufälle in Ihrem Leben schon zu positiven Wendungen geführt haben? Wie haben diese Zufälle Ihr Leben beeinflusst? Was haben Sie selbst dazu beigetragen?

Zweiter Schritt: Was macht Sie neugierig?

Was begeistert Sie? Womit beschäftigen Sie sich beruflich, aber auch privat gerne? Was machen Sie in der Freizeit am liebsten? Welche Hobbys haben Sie?

Was lesen Sie am liebsten oder zu welchen Messen gehen Sie immer wieder? In welcher Abteilung einer Buchhandlung halten Sie sich am liebsten auf?

Dritter Schritt: Welche Person (auch sehr berühmte) kann Ihnen am besten bei der Befriedigung ihrer Neugier helfen?

Wie hoch ist die Wahrscheinlichkeit, dass Sie diese Person kontaktiert, wenn sie NICHTS tun?

Was könnte im schlimmsten Fall passieren, wenn Sie aktiv diese Person kontaktieren?

Wie kann ein erfolgreicher Kontakt Ihr Leben im besten Fall beeinflussen? Was würde Ihnen diese Person raten? Was würde diese Person, die Ihren Traum schon erreicht hat, an Ihrer Stelle als nächstes tun?

Vierter Schritt: Überwinden Sie eventuelle Widerstände und machen Sie nun einen Schritt nach dem anderen in Richtung Ihrer Vision, Ihres Traumes!

Suchen Sie sich eine Person, die in Ihrem Traumberuf bereits arbeitet und nehmen sie Kontakt mit Ihr auf.

Sprechen Sie mit möglichst vielen Menschen darüber und holen Sie jede Information darüber ein, die Sie nur bekommen können.

Gehen Sie auf Veranstaltungen, Messen, Präsentationen usw. wo Sie Menschen treffen können, die Ihnen weiterhelfen können.

Haben Sie keine Scheu vor "großen Namen" und sprechen Sie diese Menschen an oder schreiben Sie ihnen ganz einfach.

Das einzige wirkliche Gift auf dem Weg zum Traumberuf ist Stillstand!

Befriedigen Sie Ihre Neugier und werden Sie aktiv!

Franz Bauer

II. Abschnitt – Führungskräfte-Kompetenzen

Die Kapitel im Detail:

BSC der Führungskräfte-Kompetenzen
Führungkräfte-Kompetenzen im Detail
Exkurs - Selbstreflexion
Vier zentrale Fragen für Führungskräfte

7 BSC der Führungskräfte-Kompetenzen

Wenn sich eine Führungskraft für eine anspruchsvolle neue Position bewirbt, dann steht sie oft vor der Aufgabe sich in einem Auswahlverfahren möglichst prägnant und doch umfassend zu präsentieren.

Ob es sich nun um ein Hearing vor einer Kommission oder ein Assessment Center handelt, es soll in kurzer Zeit ein Eindruck vermittelt werden, der es den EntscheidungsträgerInnen ermöglicht, die Kompetenzen und Erfahrungen zu beurteilen.

Die Darstellung der Kompetenzen von **Führungskräften**, besonders von **C-Level-ManagerInnen**, im Bewerbungsprozess muss unterschiedlichste Perspektiven berücksichtigen, um ein abgerundetes Bild zu ergeben.

Eine **Balanced Scorecard (BSC)** bildet hier nun einen Rahmen, der eine klare Struktur vorgibt.

Die BSC stammt ursprünglich aus der strategischen Unternehmensplanung. Dabei wird ein Unternehmen aus unterschiedlichen Perspektiven betrachtet.

Meistens werden die Finanzperspektive, die Kundenperspektive, die Prozessperspektive und die Mitarbeiterperspektive betrachtet.

Das sind (im Groben) die Perspektiven, die Sie als Führungskraft, ganz besonders im C-Level-Management, immer im Fokus haben müssen.

Wenn Sie nun erfolgreich ein Unternehmen oder einen Bereich führen wollen, dann brauchen Sie in den einzelnen Perspektiven Kompetenzen und Erfahrungen.

Um aus einem Bewerbungsprozess erfolgreich hervorzugehen, sollten Sie auch auf Erfolge in diesen Perspektiven verweisen können.

Dieser Rahmen muss nur noch mit Bildern aus der beruflichen Vergangenheit, mit konkreten Erfahrungen („Storytelling") und Absichten (Vision und Strategie) für die Zukunft gefüllt werden.

Bei der Erstellung der BSC ist natürlich auf die **spezifischen** Gegebenheiten der ausgeschriebenen Stelle einzugehen.

In diesem Buch wird nun die BSC auf den Bewerbungsprozess adaptiert und die einzelnen Perspektiven **angepasst** und in Folge als Kompetenzen bezeichnet, die Sie mitbringen müssen.

Die angeführten Kompetenzen für Führungskräfte sind je nach Unternehmen, aber auch nach Entwicklungsphase (des Unternehmens, aber auch der Produkte) oder der wirtschaftlichen Situation, **unterschiedlich** zu gewichten.

Für einen langfristigen Erfolg sollten aber mindestens die angeführten Kompetenzen vorhanden sein.

Die wichtigsten Führungskräfte-Kompetenzen als Balanced Scorecard dargestellt:

Visionsfähigkeit
Wie kann die Zukunft des Unternehmens gesichert werden?

Führungskompetenz
Besitzt die Führungskraft den Mut in schwierigen Situationen Entscheidungen zu treffen?

Lösungsorientierung
Werden Probleme und Aufgaben zukunfts- und lösungsorientiert angegangen? Welche Fehlerkultur wird vorgelebt?

Interkulturelle Kompetenz
Werden die Unterschiede in den Ländern verstanden und auch länderspezifisch auf die Besonderheiten der Märkte eingegangen?

Kenntnis der Produkte und Dienstleistungen
Hat der C-Level-Manager die eigenen Produkte und Dienstleistungen in ihrem Kern und zukünftigen Entwicklung verstanden?

Kenntnis der Mitbewerber
Ist ausreichend Wissen über die Entwicklungen bei den Mitbewerbern vorhanden?

Vernetzung
Erfolgt ein permanenter Austausch mit lokalen und internationalen EntscheidungsträgerInnen?

Betriebswirtschaftliche Kompetenzen

Ist ausreichende Expertise über die Zahlen, Daten und Fakten beim C-Level-Manager vorhanden? Im Bewerbungsprozess sind diese Schlüsselkompetenzen einer Führungskraft **erfolgsorientiert** darzustellen.

Dabei ist es wichtig, nach der Methode des **Storytellings,** die Erfolge und erreichten Ergebnisse den EntscheidungsträgerInnen möglichst plastisch aus dem Unternehmensalltag gegriffen zu vermitteln.

Am Besten werden die Kompetenzen aus der Sicht der jeweiligen **Interessensgruppe**, der Stakeholder, beschrieben.

Das können Eigentümer, Aktionäre, MitarbeiterInnen, KollegInnen auf gleicher Führungsebene, KundInnen, aber auch das Finanzamt und Bürgerinitiativen sein.

Bei der Ausarbeitung kann auf die **Umfeldanalyse** zurück gegriffen werden, wie sie auch im Projektmanagement verwendet wird.

Stellen Sie sich dabei die Fragen, wie die Interessensgruppen zu den einzelnen Komponenten der BSC stehen.

Welche Interessen haben diese Gruppen? Welche Vorteile? Welche Nachteile? Wie können Sie mit Ihrem Management- und Führungsansatz einen positiven Beitrag für die jeweiligen Stakeholder liefern?

Analysieren Sie auch, welche **Vorteile** es für die Stakeholder hat, wenn Sie die ausgeschriebene Stelle besetzen werden.

Fragen Sie sich aber auch, welche **Risiken** Sie für die Stakeholder darstellen könnten.

Eine weitere Methode, die wir auch aus dem Projektmanagement kennen, die **Risikoanalyse**, liefert weitere nützliche Ergebnisse im Bewerbungsprozess.

Dabei geht es um die Frage, ob es Risiken geben könnte, einerseits aus Sicht des Unternehmens, andererseits aber auch aus Sicht der/s BewerberIn.

So können mögliche Bedenken **proaktiv** aus dem Weg geräumt werden.

Über alle angeführten Kompetenzen erstreckt sich wie eine Klammer die ausgeprägte **Kommunikationsfähigkeit**: Führungskräfte motivieren, überzeugen und begeistern, das gilt sowohl nach innen, als auch nach außen.

8 Führungkräfte-Kompetenzen im Detail

Visionsfähigkeit

> Wie kann die Zukunft des Unternehmens gesichert werden?

Visionen tragen entscheidend zum Erfolg eines Unternehmens bei.

Führungskräfte müssen eine klare Vorstellung von der **Zukunft** haben, hier geht es darum zu zeigen, wie und welche Innovationen Sie sich für die Zukunft vorstellen können.

Hier sind **Changemanagement**-Fähigkeiten gefragt, es geht darum klar und deutlich zu kommunizieren, um die Stakeholder von Ihren Ideen zu begeistern.

Die EntscheidungsträgerInnen im Bewerbungsprozess müssen spüren, wie Sie die Zukunft des Unternehmens sehen und gestalten werden.

Es geht auch darum das Innovationspotenzial über alle MitarbeiterInnen, Standorte und Märkte zu erschließen.

Führungskompetenz

> Besitzt die Führungskraft den Mut in schwierigen Situationen **Entscheidungen** zu treffen?

Das Thema Führung ist in allen Bewerbungssituationen ein wichtiger Themenkomplex.

In der Vorbereitungsphase sollte nun das eigene Führungsverständnis kritisch hinterfragt werden.

Erfolgreiche, aber auch sehr schwierige Situationen zu reflektieren und Beispiele zu überlegen, wo sich gut herausarbeiten lässt, wie Sie souverän in der Praxis geführt haben, gehört zu jeder guten Vorbereitung.

Es sollte auf jeden Fall vermieden werden in Floskeln aus der Managementliteratur abzudriften.

Lösungsorientierung

> Werden Probleme und Aufgaben zukunfts- und lösungsorientiert angegangen? Welche Fehlerkultur wird vorgelebt?

Hands-on-Mentalität und der ausgeprägte Wille zu gestalten sind weitere zentrale Fähigkeiten von Führungskräften.

Hier geht es auch darum zu zeigen, dass man gewillt ist rasch und konsequent zu entscheiden.

Wenn Probleme oder gar Krisen zu bewältigen sind, dann sind dringend Lösungen gefragt und keine Schuldzuweisungen.

Damit ist auch die **Fehlerkultur** angesprochen, die vorgelebt werden muss.

Werden Mitarbeiter, die einen Fehler gemacht haben, negativ sanktioniert oder wird ein vertrauensvolles Verhältnis von der Führungskraft vorgelebt, wo Fehler als Möglichkeiten gesehen werden, daraus zu lernen und immer besser zu werden.

Interkulturelle Kompetenz

> Werden die Unterschiede in den Ländern verstanden und auch länderspezifisch auf die Besonderheiten der Märkte eingegangen?

Die interkulturelle Kompetenz zeigt sich auf mehreren Ebenen.

Einerseits ist sie wichtig bei Verhandlungen mit Geschäftspartnern in einer globalisierten Welt.

Andererseits ist sie auch von besonderer Bedeutung bei der Führung von international zusammengesetzten Teams.

Führungskräfte (aber auch deren MitarbeiterInnen) in global tätigen Unternehmen brauchen ein kulturelles Feingefühl, um in einem internationalen Umfeld erfolgreich zu sein.

Bis zu einem gewissen Ausmaß ist interkulturelle Kompetenz auch theoretisch erlernbar. Stellen Sie daher sowohl Ihre theoretischen, als auch praktischen Kompetenzen im internationalen Umfeld vor.

Schildern Sie ihre Erfahrungen, die Sie mit ausländischen Geschäftspartnern und bei Ihren Tätigkeiten in Niederlassungen im Ausland erworben haben.

Kenntnis der Produkte und Dienstleistungen

> Hat der C-Level-Manager, die Führungskraft, die eigenen Produkte und Dienstleistungen in ihrem Kern und zukünftigen Entwicklungen verstanden?

Bei einer guten Vorbereitung auf den Bewerbungsprozess spielt auch das Verständnis der Produkte bzw. der Dienstleistungen des Unternehmens eine gewichtige Rolle.

Damit ist kein detailliertes (technisches) Wissen gemeint, vielmehr geht es um das Verstehen des Kerngeschäfts.

Sie können auch nur eine Vision für ein Unternehmen haben, wenn Ihnen klar ist, was das Herz des Unternehmens ist.

Was macht den Erfolg des Unternehmens am Markt aus?

Hier brauchen Sie sowohl aus Kunden- und auch aus Unternehmenssicht ein tiefes Verständnis für den Nutzen des Produktes.

Eine glasklare Antwort auf die Frage: „Was leistet das Produkt?"

Hinweise darauf lassen sich aus den bisher verwendeten Slogans des Unternehmens ableiten.

Es geht vor allem um Ihr Verständnis und nicht um eine Wiederholung aus den Marketingunterlagen des Unternehmens.

Kenntnis der Mitbewerber

> Ist ausreichendes Wissen über die Entwicklungen bei den Mitbewerbern/der Branche vorhanden?

Wenn Sie schon vor Ihrer Bewerbung in der **gleichen** Branche gearbeitet haben, dann werden Sie Fragen zur Branche, Marktentwicklung und Mitbewerbern mühelos beantworten können.

Es ist aber auf jeden Fall von Vorteil, wenn Sie Ihr Wissen wieder aktualisieren und sich über neuere Entwicklungen informieren, die bisher nicht Teil Ihres alltäglichen Geschäfts waren.

Sollten Sie aus einer **fremden** Branche kommen, dann ist die Vorbereitungsphase natürlich viel intensiver.

Genauso intensiv, wie Sie sich mit der Geschichte und der Entwicklung des potentiellen neuen Arbeitgebers beschäftigt haben, haben Sie sich mit dem nationalen und internationalen Umfeld, der Mitbewerber und den Trends in der Branche beschäftigt.

Vernetzung

> Erfolgt ein permanenter Austausch mit lokalen und internationalen EntscheidungsträgerInnen?

Der Austausch in persönlichen Netzwerken und das Nutzen von Synergien daraus ist ein ganz wesentlicher Erfolgsfaktor.

Welche persönlichen Kontakte bestehen zu Kunden, Lieferanten und anderen wesentlichen EntscheidungsträgerInnen?

Hier sind auch branchenübergreifende Kontakte von Bedeutung, die sich auch auf die internationale Ebene erstrecken.

Aber nicht nur die persönlichen Netzwerke sind wichtig, sondern auch die Vernetzung von Unternehmen, die daraus entstehen kann.

Die von neuen Technologien massiv in den Vordergrund getretene intensive Verflechtung entlang des gesamten Geschäftsprozesses (Industrie 4.0 bzw. Digitalisierung) muss ihren Niederschlag in der persönlichen und unternehmerischen Vernetzung finden.

Betriebswirtschaftliche Kompetenzen

> Ist ausreichende Expertise über die Zahlen, Daten und Fakten bei der Führungskraft bzw. dem C-Level-Manager vorhanden?

Dieser Punkt der BSC der Führungskompetzenzen adressiert die betriebswirtschaftlichen Kompetenzen im engeren Sinne.

Hier geht um das Handwerkzeugs, die fachlichen Grundlagen der Unternehmensführung, das Wissen um Bilanzen, G&V und Controlling.

Alles was sich in Zahlen, Daten und Fakten fassen lässt und wie man diese interpretiert.

9 Exkurs: Selbstreflexion

Wie wichtig ist Selbstreflexion für Führungskräfte?

Was bedeutet überhaupt Selbstreflexion? Die meiste Zeit über sind wir auf die Wahrnehmung unserer Umgebung konzentriert und vernachlässigen dabei darauf zu achten, was sich in unserer Gefühls- und Gedankenwelt abspielt.

Genauso wenig Bedeutung hat in vielen Alltagssituationen einer Führungskraft das eigene Verhalten zu beobachten und zu reflektieren.

Nur warum sollte die Selbstreflexion zu einer Verbesserung des Führungsverhaltens beitragen?

Besonders wichtig ist dabei die Erkenntnis, warum wir bestimmte Verhaltensweisen an den Tag legen, Entscheidungen treffen, Personen unterschiedlich behandeln.

Durch das Wissen warum wir so handeln, wie wir handeln, können wir viel bessere Ergebnisse erzielen.

Selbstreflexion bedeutet auch einmal erlerntes Verhalten immer wieder zu überprüfen, ob es noch für die aktuelle Situation die bestmögliche Alternative ist.

Wir leben in einer Welt, die sich immer schneller verändert und dabei können Lösungsmodelle, die früher optimal funktioniert haben, sehr rasch veraltet sein oder sogar kontraproduktiv werden.

Speziell in der Mitarbeiterführung sind wir in sich rasch ändernde Prozesse eingebettet.

Als Führungskraft sind wir einerseits Gestalter der Prozesse, aber andererseits direkt in die Prozesse involviert.

Hier ist durch die Vielzahl der Akteure, die sich laufend verändernde Technologien und Arbeitsstrukturen ein stetes hinterfragen (= reflektieren) der eigenen Entscheidungen und auch des eigenen Verhaltens besonders wichtig.

Eine neue Generation von Mitarbeitern, mit oft stark veränderten Erwartungen an ihr Arbeitsumfeld, somit auch an die Führungskräfte, stellt dabei sehr hohe Ansprüche an das Führungsverhalten und die Führungsentscheidungen.

Reflektieren bedeutet aber auch einen Spielraum für sich und die anderen zu schaffen, wo eingefahrene Wege hinterfragt werden und bei Bedarf aber auch adaptiert oder auch ganz verlassen werden.

Das Wahrnehmen der Signale aus der Umwelt, dem Markt, dem Mitbewerb und natürlich der eigenen Mitarbeiter ist eine Hauptaufgabe jeder Führungskraft.

Selbstreflexion ist ein Weg, um sich selbst besser kennenzulernen, besser über seine Stärken, Schwächen, Verhaltensmuster und Eigenheiten informiert zu sein.

Dadurch kann man die Umwelt, das eigene Verhalten und die Personen um Umfeld objektiver wahrnehmen und proaktiver handeln.

Speziell in Bewerbungsprozessen bringt Selbstreflexion sehr viele Vorteile.

Schon bei der Vorbereitung auf eine konkrete Bewerbung ist es sinnvoll sich und sein eigenes Handeln kritisch zu hinterfragen.

Aber auch bei der Nachbereitung oder Aufarbeitung von Absagen können wichtige Erfahrungen durch offenes und ehrliches Reflektieren zu einem großen Lerneffekt und Fortschritt in der persönlichen Entwicklung führen.

10 Vier zentrale Fragen für Führungskräfte

Die wesentlichen Faktoren einer erfolgreichen Bewerbung (als Führungskraft) lassen sich auf vier Bereiche konzentrieren:

I. Besitzen Sie die richtigen Qualifikationen und Erfahrungen für die Stelle?

II. Passen Sie zum neuen Unternehmen?

III. Stellen Sie ein Risiko für das neue Unternehmen dar?

IV. Werden Sie Ihr Gehalt wert sein?

I. Besitzen Sie die richtigen Qualifikationen und Erfahrungen für die Stelle?

Der neue Job verlangt ganz bestimmte Qualifikationen und Erfahrungen, damit Sie dort erfolgreich sind.

In der BSC für Führungskräfte haben wir schon sehr detailliert über die einzelnen Kompetenzen gesprochen.

Stellen Sie an konkreten Beispielen Ihrer Karriere dar, wie Sie einen möglichst großen Nutzen für das Unternehmen erarbeiten werden.

Sie haben sich natürlich sehr gut vorbereitet und können schlüssig argumentieren, welche Ausbildungen, Weiterbildungen und Berufserfahrung Sie mitbringen, die optimal auf das Stellenprofil passen.

Auch ganz zu Beginn des Buches haben Sie sich mit Ihren Fähigkeiten, Qualifikationen und Interessen intensiv beschäftigt.

Sie können aus Ihrer Berufserfahrung schildern, wie Sie schwierige Situationen gemeistert haben, wie Sie wichtige Entscheidungen treffen und wie Sie Ihren Management-/Führungs-Stil beschreiben.

II. Passen Sie zum neuen Unternehmen?

Hier geht es darum herauszufinden, ob Sie zur Unternehmenskultur passen.

Darunter fällt auch, ob Sie kompatibel sind, wenn es um Visionen und strategische Zielsetzungen geht.

Hier stellt sich auch die Frage, ob Sie mit den Eigentümervertretern, dem Vorstand und anderen Führungskräften - sei es nun auf gleicher oder untergeordneter Ebene - in einem produktiven Klima zusammenarbeiten können, dabei geht es viel um Gefühl und Stimmung.

III. Stellen Sie ein Risiko für das neue Unternehmen dar?

Ihr neuer Arbeitgeber will natürlich die Risiken bei der Neubesetzung der Stelle möglichst gering halten.

Lässt sich aus Ihrem Karriereweg ableiten, ob Sie an einem längerfristigen Engagement interessiert sind oder ob Sie - aus welchen Gründen auch immer - sehr schnell die Firmen gewechselt haben.

Wenn Sie häufig gewechselt haben - speziell wenn Sie oft nur weniger als 3-5 Jahre in den Unternehmen waren - dann sollten Sie sich sehr plausible Gründe dafür überlegen.

Wenn Sie unter der letzten Hierarchiestufe einsteigen, könnte der Eindruck entstehen, dass Sie rasch wieder wechseln werden, sollte sich die Chance ergeben, wieder auf einer höheren Ebene arbeiten zu können.

Hier gilt es auch darzustellen, wie Sie sich Ihre persönliche weitere Karriere vorstellen. Wo sehen Sie sich in 5 bzw. 10 Jahren?

IV. Werden Sie Ihr Gehalt Wert sein?

Wenn die drei ersten Themenkomplexe für Sie sprechen, dann beantwortet sich diese Frage automatisch.

Sie bringen die richtigen Qualifikationen/Erfahrungen mit, passen zur strategischen Ausrichtung und Unternehmenskultur und stellen kein Risiko für das Unternehmen dar, also sind Sie die Idealbesetzung!

Das wirkt sich nun auch direkt auf die Gehaltsverhandlungen aus.

Wenn Sie sich möglichst intensiv in der Vorbereitung einer Bewerbung mit diesen vier Themenkomplexen und den daraus abgeleiteten Fragen beschäftigt haben, dann sind die Chancen schon sehr groß, dass Sie diesen Job bekommen werden.

III. Abschnitt - Bewerbungsstrategien und Stellensuche

Die Kapitel im Detail:

Strategien: Finden und gefunden werden
Stellenanzeigen finden
Webseiten/Apps für die Stellensuche
Exkurs: Was sind Metasuchportale?
Social Media Plattformen – Ein Überblick

11 Finden und gefunden werden!

Grundsätzlich können wir zwischen einer aktiven und einer passiven Bewerbungsstrategie unterscheiden.

Bei der **aktiven Strategie** gehen Sie aktiv daran in Netzwerken, Social Media und Karriereseiten von Arbeitgebern (eigene Webseite, diverse Profile auf LinkedIn, Xing), Headhuntern, Personalberatern und Jobsuchportalen nach passenden ausgeschriebenen Stellen zu suchen.

Bei Initiativbewerbungen werden Sie sich auf die Suche nach jenen Firmen machen, die für Sie besonders attraktiv sind.

Bei der **passiven Bewerbungsstrategie** werden Sie sich in den unterschiedlichen Social Media als möglichst attraktive/r MitarbeiterIn präsentieren.

Dazu ist es besonders wichtig ihre angestrebte Stelle genau zu analysieren.

> **Tipp:**
> Was ist von besonderer Bedeutung für die angestrebte Stelle?
>
> Von welchen Qualifikationen und Erfahrungen, die Sie mitbringen hat das Unternehmen den meisten Nutzen?
>
> Was ist diesen Personen besonders wichtig?

Bereiten Sie ihre Social Media Profile so auf, dass Ihre entscheidungsrelevanten Erfahrungen und Qualifikationen sofort und klar ersichtlich sind (gilt übrigens auch für das Bewerbungsschreiben, den Lebenslauf und Success Stories, die Sie bei Bewerbungen mitsenden).

Bereiten Sie konkrete Beispiele („Storytelling") auf, womit Sie beweisen und überzeugen können, dass Sie alles, was entscheidungsrelevant ist, mitbringen.

In einem eigenen Kapitel werden verschiedene Plattformen skizziert, die Sie für Ihren Auftritt in den Social Media nutzen können.

Jedes Medium hat seine Stärken und Schwächen, manche sind sehr textlastig, andere wiederum setzen sehr stark auf die Wirkung von Bildern oder Videos.

Analysieren Sie Ihre Branche und das Entscheidungsverhalten der wichtigen Personen im Bewerbungsprozess. Wählen Sie danach das passende Medium bzw. eine Kombination daraus aus.

Tipp:
Es ist besser sich in wenigen Social Media wirklich professionell zu präsentieren, als auf allen Medien mit einem rudimentären und nichts sagendem Kurzprofil vertreten zu sein.

12 Stellenanzeigen finden

Die Online-Jobbörsen sind natürlich heute unverzichtbar, dazu kommen aber noch immer die nationalen und regionalen Zeitungen als „Grundversorgung" bei der Jobsuche.

Stellenanzeigen lesen und beurteilen

Es gibt zwar keine „Regeln" für den Aufbau eines Jobinserates, aber seit Jahren hat sich eine gewisse Struktur etabliert:

a) Vorstellung des Unternehmens: Name, Branche, interne Philosophie, Größe, Marktstellung, Standort

b) ausführliche Stellenbeschreibung: Aufgabengebiet des ausgeschriebenen Arbeitsplatzes

c) Anforderungsprofil an den Bewerber: Ausbildung, erwünschte Berufserfahrung, Zusatzqualifikationen.

d) Was Unternehmen bietet: leistungsgerechte Bezahlung, ein nettes Team usw.

e) Kontaktdaten eventuell mit Nennung einer Ansprechperson.

Ist eine Telefonnummer angegeben und Sie haben noch Fragen zur freien Position, dann nützen Sie diese Möglichkeit der Informationseinholung.

Aber überlegen Sie diese Fragen gut, damit hinterlassen Sie den ersten Eindruck beim Unternehmen. Keine trivialen Fragen stellen!

Lesen Sie immer zwischen den Zeilen: Ist die Wortwahl konservativ oder innovativ, so ist dann wahrscheinlich auch das Unternehmen.

Wirkt die Auflistung der Anforderungen eher schwammig, dann sind im inserierenden Unternehmen vermutlich eher unklare Beurteilungskriterien üblich.

Ist das Anforderungsprofil sehr detailliert und penibel aufgelistet, muss mit einer strengen Beurteilung der Bewerbungsunterlagen gerechnet werden.

Bedenken Sie auch: Häufig werden Stellen zwar ausgeschrieben, intern ist aber bereits längst ein geeigneter Kandidat gefunden.

Berechtigtes Misstrauen ist angesagt, wenn wesentliche Fakten fehlen oder unpräzise formuliert sind.

Immer wieder werden Jobangebote auch als „Werbung" für das Unternehmen verwendet. Wie Sie das erkennen?

Nun, nimmt die Beschreibung des Unternehmens einen großen Teil des Inserates ein und findet sich über das Tätigkeitsfeld des Jobs nur sehr wenig, dann können Sie davon ausgehen, dass hier die Imagepflege im Vordergrund steht. Eine Bewerbung macht wenig Sinn.

Analyse von Inseraten:
Welches Stellenangebot passt zu mir?

Analysieren Sie nun die interessanten Jobangebote und entschlüsseln Sie wichtige Formulierungen:

Versetzen Sie sich beim mehrmaligen Durchlesen möglichst in die Situation des Verfassers und fragen Sie sich mehrmals: Was könnte das Unternehmen mit der Formulierung gemeint haben?

Oft ist die Positionsbezeichnung dabei gar nicht von überragender Bedeutung, legen Sie mehr Augenmerk auf die Beschreibung des Aufgabengebietes.

Zerlegen Sie das Inserat für Ihre Analyse in kleine Bausteine:

Wer ist der Inserent?
Wen sucht das Unternehmen?
Was fordert das Unternehmen vom Bewerber/in?
Was bietet das Unternehmen?
Wie kann man das Unternehmen erreichen?

Tipp:
Achten Sie beim Inserat auf die versteckten „Hinweise" im Text.

Muss-Qualifikationen erkennen Sie an Formulierungen wie:

unbedingt erforderlich ...
setzen wir voraus ...
fundierte, langjährige Erfahrungen ...
konnten Sie bereits Erfahrung in ... sammeln usw.

Meist stehen Sie auch an erster Stelle eines Arbeitsplatzangebotes.

Alle anderen Eigenschaften/Kenntnisse **sind Kann-Qualifikationen**.

Hier sind typische Verklausulierungen „hinreichende Erfahrungen in .... sind erwünscht (aber nicht Voraussetzung), ausbaufähige Kenntnisse in ...., mit guten Kenntnissen in...., ...Kenntnisse sind vorteilhaft, usw.

Ein **„hohes Maß an Eigenmotivation"** wird meist verlangt, wenn der Job mitunter frustrierend sein kann und daher positiv eingestellte MitarbeiterInnen verlangt.

Soll man **„professionell kommunizieren können"**, ist damit zu rechen, dass man es mit vielen verschiedenen Meinungen zu tun bekommt und man eine klare Kommunikationslinie verfolgen muss.

„Präsentationssicherheit" weist immer darauf hin, dass man vor diversen Menschen reden und Ideen und Konzepte vorstellen (im Zweifelsfall auch verteidigen) können muss.

Wenn beispielsweise ein **„junges Team"** Verstärkung sucht, sollten sich besser nur Personen unter 35 Jahren bewerben – ältere Jobsuchende haben da nur wenige Chancen.

Ist von einem **„überschaubaren Team"** die Rede, kann der Bewerber kein klar umschriebenes Aufgabenfeld erwarten – hier wird erwartet, dass alles was anfällt auch erledigt wird.

Wird **hohe Teamfähigkeit oder Teamorientierung** erwartet, so rechnen Sie damit, dass Sie mit sehr unterschiedlichen KollegInnen und Vorgesetzten zurechtkommen müssen. Ohne Superlativ ist teamfähig eher ein Allgemeinplatz.

Wird ein/e **„qualifizierte/r Mitarbeiter/in"** gesucht, dann achten Sie besonders darauf, dass Sie alle Muss-Kriterien und einen hohen Anteil der Kann-Kriterien erfüllen.

Hinweise auf **„ein kleines Team"** kann bedeuten, dass das Team nur aus Ihnen und Ihrem Vorgesetzten besteht und es keine klare Stellenbeschreibung gibt.

„Zeitlich flexible/n Mitarbeiter/in ...." kann bedeuten: auf Abruf bereit zu sein, abhängig vom Arbeitsanfall auch erhebliche Überstunden machen zu müssen.

Nun vergleichen Sie ehrlich Ihre bereits genau erarbeiteten Kenntnisse und Fähigkeiten (siehe den ersten Abschnitt in diesem Buch) mit den Anforderungen.

Muss-Anforderungen sind unerlässlich und müssen unbedingt mitgebracht werden.

Achten Sie darauf, ob Sie zu den **geforderten Kenntnissen auch schriftliche Nachweise** (Zeugnisse, Zertifikate, etc.) haben.

Muss-Anforderungen sollten eine Trefferquote von 100% haben, sonst ist die Gefahr schon bei der ersten Durchsicht der Bewerbungsunterlagen „aussortiert" zu werden, zu groß.

Bei den KANN-Qualifikationen macht es durchaus Sinn sich zu bewerben, wenn man mehr als 50% Übereinstimmung hat.

Die angeführten %-Sätze sind persönliche Erfahrungswerte, aber sie haben keine allgemeine Gültigkeit!

Klar ist, je höher die Übereinstimmung, desto größer die Chancen zu einem Bewerbungsgespräch eingeladen zu werden.

Meist ist es auch sinnlos, sich für eine Stelle zu bewerben, für die man schlicht und einfach überqualifiziert ist.

Zum einen wird das Gehalt sicher zum beschriebenen Aufgabengebiet passen und nicht zu Ihren Kenntnissen und Fähigkeiten.

Zum anderen gilt es den potentiellen Arbeitgeber zu überzeugen, dass man nicht unterfordert und gelangweilt sein wird.

Wird nichts zur Größe, dem Umsatz, der Mitarbeiterzahl und den Zeitraum der Präsenz des Unternehmens am Markt erwähnt, können Sie davon ausgehen, dass es sich um ein junges Unternehmen mit wenigen MitarbeiterInnen handelt.

Versuchen Sie, diese Daten zu recherchieren (Internet, Firmen A-Z der Wirtschaftskammer etc.) und auch herauszufinden, welchen Ruf das Unternehmen in der Branche hat.

Unternehmensbewertungsportale sind dafür eine sehr gute Quelle.

Beispielsweise möchte ich hier www.kununu.com anführen. Dort gibt es auch eine eigene Kategorie, wie BewerberInnen die Unternehmen im Bewerbungsprozess erlebt haben.

Für Ihre Jobrecherche bedienen Sie sich möglichst aller möglichen Medien (Tagespresse und Fachzeitschriften, Online-Jobbörsen).

Bei Chiffre-Anzeigen nützen Sie die Möglichkeit von **Sperrvermerken**, um sich nicht irrtümlich bei der eigenen Firma zu bewerben. Sie können sich darauf verlassen, dass Sperrvermerke berücksichtigt werden.

13 Webseiten/Apps für die Stellensuche

Es gibt eine Vielzahl von Suchseiten und Apps, die für die Jobsuche und Karrieretipps verwendet werden können.

Auf Basis meiner persönlichen Erfahrungen möchte ich hier nun einige kurz vorstellen.

karriere.at
Sowohl die Internetseite, als auch die App von karriere.at sind ein Klassiker und mein eindeutiger Testsieger. Die App gibt es für iOS und Android.

indeed.com
Die Internetseite http://at.indeed.com/ und die App http://at.indeed.com/mobile sind einfach bedienbar und liefern gute Ergebnisse.

experteer.at
Gerade für Führungskräfte und Spezialisten bietet www.experteer.at sehr gute Angebote.

DerStandard und Kurier
Die Stellenangebote der beiden Zeitungen (Print, online und App) liefern gute Ergebnisse und haben gute Filterfunktionen für die Stellensuche.

Es gibt noch eine Vielzahl von Portalen und Jobsuchseiten, die teilweise auf bestimmte Branchen oder Regionen spezialisiert sind.

Es ist empfehlenswert mehrere dieser Portale zu nutzen, sie liefern zwar ähnliche Suchergebnisse, aber für die optimale Suchstrategie empfiehlt sich eine Kombination der Seiten.

Sie können sich bei diesen Seiten auch Suchagenten einrichten, die Sie dann aktiv über neue Stellen informieren.

Beispiele:

www.metajob.at

www.stepstone.at

www.jobrapido.com

www.alleskralle.com/jobs/

www.absolventen.at

Eine umfangreiche Liste mit Links hat das AMS Arbeitsmarktservice Österreich zusammengestellt:

http://www.ams.at/service-arbeitsuchende/nuetzliche-links

14 Exkurs: Was sind Metasuchportale?

Metajobsuchportal sind für BewerberInnen eine sehr gute Möglichkeit, um mit wenig Aufwand eine Vielzahl von Stellenanzeigen, die sich auf verschiedenste Internetseiten verteilen, zu finden.

Meta-Jobsuchmaschinen sind Suchmaschinen, die im Internet vorhandene Karriereseiten, Unternehmensseiten, Jobbörsen und andere Jobsuchmaschinen durchsuchen.

Die gefundenen Stellen werden sortiert, mit Schlagwörtern, Datum der Auffindung u.ä. versehen und mit der Quelle verlinkt.

15 Social Media Plattformen – Überblick

XING

XING ist ein soziales Netzwerk für berufliche Kontakte, der Schwerpunkt liegt auf dem **deutschsprachigen** Raum, über 12 Millionen Mitglieder nutzen die Internet-Plattform weltweit, davon 5,7 Millionen in der DACH-Region. Auf XING vernetzen sich Berufstätige aller Branchen.

Es gibt eine kostenlose Variante, die zum Einstieg und für einen ersten Überblick ausreichend ist. Mit der Premium-Variante haben Sie bessere Such- und damit auch Vernetzungsmöglichkeiten.

Die App für die mobile Nutzung ist sehr übersichtlich und bedienerfreundlich gestaltet.

Wenn Sie auf sich als ExpertIn aufmerksam machen wollen, dann sollten Sie neben dem professionell gestalteten Profil und Portfolio auch eine regelmäßige und aktive Beteiligung in relevanten **Gruppen** einplanen. Dort können Sie mit eigenen Beiträgen und nützlichen Kommentaren in Diskussionen Ihr Profil schärfen.

Für die passive Bewerbungsstrategie gibt es noch XING ProJobs, damit macht XING ein Angebot mit dem Sie schneller gefunden werden sollen.

LinkedIn

LinkedIn ist ein soziales Netzwerk zur Pflege und zum Knüpfen von Geschäftskontakten.

LinkedIn wird **weltweit** von über 500 Millionen Menschen in mehr als 200 Ländern genutzt (Stand: Jänner 2018) und ist damit die größte Plattform dieser Art weltweit.

Bei der Gestaltung des Profils haben Sie auch hier Möglichkeiten Ihre Berufserfahrung und Qualifikation ausführlich zu beschreiben.

Auch in LinkedIn können Sie **Statuseinträge** machen und **Beiträge** veröffentlichen. Nutzen Sie speziell die Beiträge, um auf sich als ExpertIn aufmerksam zu machen.

Bereits die kostenlose LinkedIn-Variante bietet sehr viele Möglichkeiten. Auch die App für die mobile Nutzung ist bedienerfreundlich und kann gut für die Stellensuche genutzt werden.

Sowohl für die passive, als auch die aktive Bewerbungsstrategie haben Sie hier viele Möglichkeiten.

Facebook

Immer häufiger setzen Firmen Facebook für ihre Personalsuche ein. Über die Facebook-Karrierepages einzelner Unternehmen können Sie interessante Einblicke in Unternehmenskultur, Arbeitsumfeld und aktuelle Jobangebote gewinnen.

Karrierepages bieten auch die Möglichkeit Fragen an das Unternehmen (auch zu Themen wie Bewerbungsprozess und Vorstellungsgespräch) zu stellen.

Möglichkeiten, die man durchaus nutzen sollte, um zusätzliches Wissen über das Unternehmen und den Bewerberprozess zu sammeln.

Es gibt auch viele Gruppen in denen Jobs angeboten werden oder man selbst ein Inserat aufgeben kann (aber wenig geeignet für Führungskräfte und Spezialisten!).

Achten Sie bei Ihrem eigenen Profil darauf, ob Sie Ihrem zukünftigen Chef oder Chefin die Fotos und Statuseinträge auch im persönlichen Kontakt zeigen würden.

Überlegen Sie sich Ihre Privatsphäre-Einstellungen sehr genau!

Twitter

Wenn Sie Twitter für die eigene Karriere nutzen wollen, dann können Sie sich hier sehr gut als Experte mit den Tweets positionieren.

Man muss aber wirklich guten und informativen Content anbieten, sich aktiv an Diskussionen beteiligen und gekonnt **#Hashtags** setzt.

Über Tweets können Sie sehr gut auf einen eigenen Blog verlinken und sich dort als ExpertIn darstellen.

Andererseits sollte man Karriere-**Tweets** ausgesuchter Firmen **folgen**, um aktuell über Entwicklungen bei interessanten Arbeitgebern informiert zu sein.

Google+

Für Google+ gilt prinzipiell das Gleiche, was bereits zu Facebook und Twitter gesagt wurde.

Blogs

Mit einem Blog können Sie Einträge/Posts, meist in chronologischer Abfolge, einer breiten Leserschaft anbieten. Für Blogs gibt es kostenlose und kostenpflichtige Anbieter.

Von essentieller Bedeutung ist, mit welchem **Thema** Sie sich mit Ihrem Blog positionieren wollen.

Der Blog muss fachlich Neues und Interessantes bieten und damit Ihre Karriere unterstützen.

Sie haben mit einem Blog die Möglichkeit sich als Experte einer Leserschaft zu präsentieren, das bedingt aber hohe Qualität ihrer Beiträge und regelmäßiges Posten.

Sie müssen auch einen Weg finden, wie Sie ihren Blog bekannt machen und regelmäßige LeserInnen gewinnen.

Ein Weg dazu ist, sich aktiv in anderen Blogs zu engagieren und auch dort fachlich fundierte Beiträge mit Verlinkung auf ihren Blog zu positionieren.

Durch diese Verlinkung mit anderen Blogs sollte mit der Zeit ein Netzwerk aufgebaut werden.

> **Tipp:**
> Wie bei allen Social Network-Aktivitäten ist der **Zeitaufwand** nicht zu unterschätzen. Nur kontinuierliche und qualitativ hochwertige Inhalte werden zum gewünschten Erfolg führen.

Pinterest

Anders als bei Facebook, Twitter und Co. kommt es bei Pinterest in erster Linie auf Fotos und Bilder an, weniger auf Textnachrichten und textliche Pinnwandeinträge.

Mit der Pinterest-Pinwand lässt sich gut der Lebenslauf in Bildern und Infografiken darstellen.

Pinterest kann ein Vorteil in den sogenannten Kreativ-Branchen sein (Design, Marketing, Werbung, ….).

Hier können Sie ihre Bewerbung grafisch aufbereiten und durch vernetzen mit potentiellen Arbeitgebern auf sich aufmerksam machen.

Bewerbungsvideo auf YouTube

Neben Google wird Youtube am häufigsten für Suchen im Internet verwendet.

Wenn Sie sich mit einem Bewerbungsvideo potentiellen Arbeitgebern präsentieren wollen, dann ist wieder auf hohe **Qualität** zu achten.

Ein schnell mit dem Handy aufgenommenes Video ist genauso wie ein Handyfoto für die Bewerbung absolut ungeeignet und Sie würden sich damit mehr schaden, als sich und Ihrer Karriere etwas Gutes tun.

Auch wenn Sie ein (kurzes) Video in Twitter veröffentlichen, ist hohe Qualität und Originalität ein unbedingtes Muss.

Weitere Informationen finden Sie im Kapitel Bewerbungsvideos in diesem Buch.

Franz Bauer

IV. Abschnitt - Bewerbungsunterlagen

Die Kapitel im Detail:

„EntscheiderInnen-orientierten" Bewerbung
Aufbau der Bewerbungsunterlagen
Tipps für Ihren Lebenslauf
Wie lange darf der Lebenslauf sein?
Lebenslauf - Beispiel
Lebenslauf – Erfolge im Mittelpunkt
Gibt es den EINEN Lebenslauf?
Inserate als Basis für eine maßgeschneiderte Bewerbung
Das Bewerbungsschreiben
Tipps für den Aufbau des Bewerbungsschreibens
Tipps für Einleitungssätze
Tipps zur Gestaltung eines Bewerbungsschreibens
Sperrvermerke
Initiativ-Bewerbung
Zeugnisse (Ausbildungen)
Dienstzeugnisse
Checkliste für Bewerbungsunterlagen
Bewerbungsvideos

16 „EntscheiderInnen-orientierte" Bewerbung

Dieses Kapitel beschreibt die grundlegenden Prinzipien für die Gestaltung des gesamten Bewerbungsprozesses.

Am Ende dieses Prozesse steht eine **Entscheidung**, ob Sie die richtige Person für die Stelle sind oder eben nicht.

Daher müssen Sie alle Informationen für diese Entscheidung so aufbereiten, damit es der entscheidenden Person leicht fällt, sich für Sie zu entscheiden!

Versetzen Sie sich bei jedem Schritt in die Lage dieser Person. Nach welchen Kriterien wird entschieden? Was sind die Schlüsselfaktoren?

Bereiten Sie alle Informationen dafür auf. Vollständig und strukturiert liefern Sie die Entscheidungsgrundlagen, im Lebenslauf, im Bewerbungsschreiben und schlussendlich im Bewerbungsgespräch.

Sie wollen zu einem Bewerbungsgespräch eingeladen werden?

Dann gestalten Sie Ihre Bewerbungsunterlagen so, dass Sie den **entscheidenden** Personen die Arbeit möglichst leicht machen.

1. Prinzip – Interessen und Anforderungen der Stelle analysieren:

Analysieren Sie die Anforderungen der Stelle auf die entscheidungsrelevanten Größen.

Was ist von besonderer Bedeutung für die ausgeschriebene Stelle?

Von welchen Qualifikationen und Erfahrungen hat das Unternehmen den meisten Nutzen?

Wer sind die Personen im Unternehmen, die entscheiden, ob Sie eingestellt werden oder nicht?

Welche Interessen verfolgen diese Personen im Unternehmen? Was ist diesen Personen besonders wichtig?

2. Prinzip – Strukturierte Aufbereitung der entscheidungsrelevanten Kriterien:

Bereiten Sie die Bewerbungsunterlagen so auf, dass Ihre entscheidungsrelevanten Erfahrungen und Qualifikationen sofort und klar ersichtlich sind.

Das gilt für das Bewerbungsschreiben, den Lebenslauf und Success Stories, genaugenommen für alles, was Sie mitsenden.

Bereiten Sie konkrete Beispiele (Success Stories, Projekt-Portfolio) vor, womit Sie beweisen und überzeugen können, dass Sie alles was entscheidungsrelevant ist mitbringen!

3. Prinzip – Fokussiertes Bewerbungsgespräch:

Auch im Bewerbungsgespräch fokussieren Sie auf die relevanten Größen in Ihrer Argumentation!

TIPP:
Berücksichtigen Sie diese drei Prinzipien und Sie haben Ihr Ziel erreicht und haben den neuen Top-Job!

17 Aufbau der Bewerbungsunterlagen

Folgender Aufbau hat sich in den letzten Jahren durchgesetzt.

Deckblatt (optional)

Bewerbungsschreiben (obligatorisch)

Lebenslauf (obligatorisch)

Zeugnisse der Ausbildungen (optional)

Dienstzeugnisse (optional)

Welche Unterlagen bei einer Bewerbung mitgeschickt werden, hängt von der Stelle und den in der Ausschreibung, im Inserat geforderten Unterlagen ab.

Bei einer Kurzbewerbung reichen Bewerbungsschreiben und Lebenslauf aus.

Wird eine ausführliche Bewerbung verlangt, dann sind alle oben angeführten Dokumente nötig.

Unterschätzen Sie nicht die formalen Aspekte Ihrer Bewerbung. Bereits die äußere Form der Bewerbungsmappe ermöglicht Rückschlüsse auf Ihren Arbeitsstil.

Die schriftlichen Unterlagen müssen daher stets korrekt, tadellos und professionell wirken!

Folgende Kriterien sind dabei relevant:

Wurde individuell auf die Stelle eingegangen?

Haben Sie Ihren Mehrwert für das Unternehmen klar herausarbeitet?

Liegt eine fehlerfreie und komplette Ausfertigung und Zusammenstellung der Unterlagen in der richtigen Reihenfolge vor?

Ist das Foto aktuell und wurde es von einem professionellen Fotografen angefertigt?

Bei der Bewerbung per Post beachten Sie bitte (Bewerbungen auf Papier gibt es nur mehr sehr selten!):

Welches Papier wurde ausgewählt?

Ist die Hülle neu oder wurde sie schon einmal benutzt?

Zögern Sie das Abschicken der Unterlagen nicht zu lange hinaus – damit wird oft die Arbeitsmoral des Bewerbers bewertet.

Ein schneller Eingang kann auf eine dynamische, routinierte Persönlichkeit hindeuten, die stets zuverlässig und prompt ihre Arbeit verrichtet.

18 Kreative Bewerbungsunterlagen?

Oft werden in Ratgebern und auch von meinen Kunden „kreative Bewerbungsunterlagen" gefordert. Ist das eine Forderung, die man erfüllen sollte?

Die konkrete Ausgestaltung der Unterlagen ist von vier Einflussfaktoren abhängig:

Wie möchte **ich mich** präsentieren? Was passt zu mir?

Was passt zur **Branche**?

Was passt zum **Unternehmen**?

Was passt zur **Ansprechperson** im Unternehmen?

Wir haben schon im Kapitel über die BSC über Ausgewogenheit gesprochen. Das gilt natürlich auch hier beim Layout der Unterlagen.

Als BewerberIn muss ich mir ganz klar sein, wie ich mich bei meinem zukünftigen Arbeitgeber präsentieren möchte.

Das ist ähnlich zu beantworten, wie die Frage nach der Bekleidung für das Bewerbungsgespräch.

Wenn ich mich mit Krawatte oder im Business-Kostüm nicht wohlfühle, dann muss ich das hinterfragen.

Verlangt der Job bestimmte Bekleidungsvorschriften und ich fühle mich damit nicht wohl, muss ich mir die Frage stellen, ob ich mich diesen Normen unterwerfen will und ob ich dort überhaupt richtig bin.

Das gleiche gilt für die Bewerbungsunterlagen.

Wenn ich mich bei einer Behörde bewerbe und dort ein sehr bürokratischer und stark formalisierter Bewerbungsprozess vorgegeben ist und ich Widerstand spüre mich dem zu unterwerfen, dann sollte ich mich fragen, ob ich tatsächlich bei einer Behörde arbeiten möchte.

Das Gleiche gilt natürlich auch umgekehrt für lockere, legere und ausgeflippte Unternehmenskulturen. Passe ich mit meiner Persönlichkeit wirklich dorthin?

Tipp:
Wenn ich mich bestimmten Unternehmens- und Branchen-Usancen identifizieren kann, dann bin ich dort richtig.

Dann wird es mir aber auch leicht fallen schon die Bewerbungsunterlagen so zu gestalten, dass das Viereck Ich-Unternehmen-Branche-Ansprechperson ideal ausbalanciert ist.

Vergessen Sie aber nie diesen Grundsatz:

Inhalt geht vor Layout!

19 Tipps für Ihren Lebenslauf

Auch wenn es keine allgemein gültige Norm für Bewerbungsunterlagen gibt, hat sich in den letzten Jahren ein Standard durchgesetzt.

Nun einige Tipps zum Aufbau und Inhalt eines Lebenslaufs:

Inhalte und Aufbau

Nach Ihren persönlichen Daten stellen Sie in **strukturierter, gut lesbarer** Form Ihre beruflichen Stationen und Ihren Ausbildungsweg dar. Ein professionelles Foto positionieren Sie rechts oben.

Persönliche Daten

Da sich die anonymisierte Bewerbung noch nicht durchgesetzt hat, beginnen fast alle Lebensläufe mit Namen und Adressdaten.

Ein Tippfehler bei der Telefonnummer könnte das Ende des Bewerbungsprozesses sein, wenn der/die RecruiterIn Sie erreichen möchte und dies nicht kann.

Geburtsdaten und Staatsbürgerschaft sollten Sie anführen, Familienstand und Kinder können Sie auch weglassen.

Berufliche Erfahrungen

Beginnen Sie mit den aktuellsten beruflichen Erfahrungen (MM/JJJJ - MM/JJJJ, Stellenbezeichnung, Firma, wichtigste Aufgaben/Tätigkeiten).

Konzentrieren Sie sich auf jene Tätigkeiten, die Sie gewinnbringend bei der neuen Stelle verwenden können.

Beachten Sie dabei die Prinzipien der erfolgsorientierten Darstellung (Details dazu im Kapitel 22 Lebenslauf – Erfolge im Mittelpunkt).

Ausbildungsweg

Danach führen Sie Ihren Ausbildungsweg an, beginnen Sie wieder mit der letzten Ausbildung. Nennen Sie auch die wichtigen fachspezifischen Aus- und Weiterbildungen.

Hobbys/Interessen

Hobbys, ehrenamtliche Tätigkeiten und persönliche Interessen brauchen Sie nur dann anführen, wenn Sie einen Bezug zur neuen Firma oder Stelle haben.

In letzter Zeit gibt es die Tendenz, dass zur Abrundung des Persönlichkeitsprofils eines/r Bewerbers/in dieser Punkt im Lebenslauf gewünscht wird.

> **Tipp:**
> Immer häufiger werden (besonders von großen Unternehmen) CV Parser eingesetzt. Das sind spezialisierte Softwareprodukte, die vollautomatisch Bewerbungsunterlagen auswerten.

Die E-Mail mit den Anhängen wird vom vorgeschalteten CV Parser ausgewertet und die entsprechenden Informationen vorsortiert und dem Recruiter zur weiteren Bearbeitung zur Verfügung gestellt.

Aber CV Parser klassifizieren auch bereits auf Basis von Analysekriterien die BewerberInnen!

Es wird ein Match zwischen Anforderungen der Stelle und Angaben der BewerberInnen automatisch ermittelt.

Daher ist beim Erstellen der Bewerbung sehr wichtig, firmeninterne Begriffe in eine allgemein verwendete und verständliche Terminologie zu bringen.

Beispielsweise sollten firmeninterne Stellenbezeichnungen und Begrifflichkeiten unbedingt neu formuliert werden. Dies sollte auch bei der Erstellung von Dienstzeugnissen berücksichtigt werden!

20 Wie lange darf der Lebenslauf sein?

Viele Bewerbungsratgeber sagen, dass ein Lebenslauf nicht länger als zwei Seiten sein darf.

Viel wichtiger als diese Beschränkung ist aber, dass alle **entscheidungsrelevanten** Inhalte im Lebenslauf gut strukturiert dargestellt werden.

Bei einem Berufsanfänger wird sicherlich ein einseitiger Lebenslauf Platz genug für alle wichtigen Informationen bieten.

Aber je länger Ihr Berufsleben ist, je umfangreicher Ihre Ausbildungen sind, umso länger wird auch der Lebenslauf werden.

Faustregel: Zwei Seiten für jeweils zehn Jahre Berufserfahrung

---

Kein/e PersonalistIn, der/die Sie am Ende der zweiten Seite Ihres Lebenslaufs für eine/n tollen BewerberIn hält, wird das Dokument beim Anblick einer dritten Seite verärgert aus der Hand legen.

Daher achten Sie viel mehr darauf alle für den neuen Arbeitgeber/in **wichtigen Daten** bestens aufzubereiten. Umkehrschluss: Alles was für die Entscheidung, ob Sie der/die Richtige sind nicht relevant ist, können Sie weglassen!

21 Lebenslauf - Beispiel

Lebenslauf

Vorname Zuname
Mustergasse 12/3
1234 Musterort
vorname.zuname@provider.at
0123/456 78 90

Übersicht der ausgeübten Tätigkeiten

Langjährige Erfahrung und fundierte Kenntnisse in XXXX
Lore ipsum
Lore ipsum
Lore ipsum

Persönliche Daten

Geboren: TT.MM.JJJJ, Ort
Staatsbürgerschaft: Österreich
Familienstand: verheiratet

Franz Bauer

Beruflicher Werdegang

MM/JJJJ – lfd. Bilanzbuchhalterin
XYZ AG, 1234 Ort

- Monatliches Reporting an den Konzern
- Sämtliche Bilanzbuchhaltungsaufgaben
- Weiterverrechnungen an den Konzern und Fremdunternehmen
- Debitoren-Buchhaltung
- Fuhrpark-Verwaltung (inkl. Umstellung von Eigentum auf Leasing)

Studium- und Weiterbildung

MM/JJJJ   Prüfung zur XXXXXXX,
           Ausbildungsinstitut, 1234 Ort
MM/JJJJ   XXXXXXprüfung,
           Ausbildungsinstitut, 1234 Ort
MM/JJJJ   Studium der XXXXXXX,
           Universität XXXX, 1234 Ort

EDV- Kenntnisse

MS Office (sehr gute Kenntnisse)
SAP FI/CO, MM (sehr gute Kenntnisse)

Sprachkenntnisse

Englisch (sehr gut in Wort und Schrift)
Italienisch (Grundkenntnisse)

Ort, TT.MM.JJJJ

22 Lebenslauf – Erfolge im Mittelpunkt

Es gibt unterschiedliche Möglichkeiten Ihre beruflichen Erfolge im Lebenslauf zu gliedern. Wählen Sie aus den angeführten Beispielen, die am besten zu Ihren Erfolgen passen.

> **ACHTUNG:**
> Klären Sie ab, ob Sie mit den Angaben keine Geheimhaltungspflichten verletzen!

Formulierungsbeispiele für ein Management-Summary (eventuell auf dem Deckblatt):

Führungspersönlichkeit mit nachhaltigen Erfolgen im Optimieren der Logistik und Restrukturierung der Montage.

Erfolgreiche Zusammenarbeit mit multinationalen Konzernen und mittelständischen Unternehmen in der EU und CEE.

Führungspersönlichkeit mit breit gefächerter Erfahrung und fundierten Management-Fähigkeiten, bewährt in mittelständischen Unternehmen und multinationalen Konzernen.

Nachhaltige Erfolge durch Aufspüren und Realisieren von Wachstums- und Expansionspotentialen.

Erfolgreiche Neuausrichtung von XXXXXXXXX

Abwicklung von erfolgreichen Kostenreduzierungs- und Turn-Around-Projekten unter komplexen und agilen Rahmenbedingungen

Führungsspanne von 10 bis 50 MitarbeiterInnen, davon vier Direct Reports

Leitung internationaler Projektteams

Steuern von weltweit bis zu 20 Vertriebs- und Produktionseinheiten

Profit and Loss (P&L) Verantwortung
Umsatz: € 37 Mio., durchschnittliches drei Jahreswachstum: +9%; Gewinn: +13%

Mitarbeiterführung und -entwicklung in vier Business Units (vier Manager, 28 Mitarbeiter)

Steigern der xxx von xx auf yyy durch Reduzieren der internen Fehlteile um 30% in vier Monaten durch Einrichten eines Logistikcenters

Signifikantes Reduzieren der Prozessdurchlaufzeit durch Optimieren der XXXXXX

Schulungs- und Qualifizierungsmaßnahmen zur Steigerung der Produktivität und Mitarbeiterzufriedenheit

Intensivieren der XXXXX durch Zusammenlegen der XXXXXXX

Akquirieren von x neuen Lieferanten

Reduzieren der Kosten der XXXXX um 30% und gleichzeitiges Erhöhen der Qualität durch ganzheitliches Restrukturieren der YYYYY

Erfolgreicher Interessensausgleich zwischen Point of Sale und zentraler Vertriebsabteilung

Nachhaltiges Reduzieren der Produktionskosten durch Produktionsverlagerung in xxxxx

> **Tipp:**
> **Machen Sie Ihre Erfolge sichtbar und greifbar.**

Analysieren Sie die konkrete derzeitige Situation des Unternehmens. Leiten Sie daraus ab, welche Erfolge besonders interessant sind. Stellen Sie diese dann klar und messbar dar.

Dieser Tipp gilt genauso für Ihre Ausführungen im Bewerbungsschreiben.

23 Gibt es den EINEN Lebenslauf?

Gibt es den EINEN Lebenslauf, der optimal für ALLE Bewerbungen ist?

In meiner alltäglichen Beratungspraxis werde ich immer wieder mit dem Wunsch meiner KundInnen konfrontiert den optimalen Lebenslauf zu erarbeiten.

> **Gibt es überhaupt EINEN optimalen Lebenslauf?**

Ich habe EINEN aus einem ganz bestimmten Grund GROSS geschrieben. Es kann sicherlich für EINE ganz KONKRETE Bewerbung den optimalen Lebenslauf, die optimalen Bewerbungsunterlagen geben.

Aber dieser EINE Lebenslauf, der für eine ganz spezielle Stellenausschreibung erarbeitet wurde, ist nicht notwendigerweise auch für weitere Stellenausschreibungen optimal.

Auf dem Bewerbungsberatermarkt gibt es Anbieter, die für einige hundert Euro einen "optimalen" Lebenslauf verfassen.

Sie brauchen nur einen vorhandenen Lebenslauf, Dienstzeugnisse und einen Fragebogen mit biografischen Daten beantworten und an den Berater senden und bald halten Sie per Mail eine überarbeitet Version.

Sie dürfen sich auch ein Layout aus einer vorgegebenen Auswahl aussuchen.

Die so erstellten Lebensläufe sind sicherlich von der Optik, der Wortwahl und der grundlegenden Struktur sehr schön anzusehen.

Es stellt sich aber nun die Frage, sind so erstellte Lebensläufe (manche Berater erstellen mit dieser Vorgangsweise sogar Motivations- oder Bewerbungsschreiben) tatsächlich für eine konkrete Stelle optimal sind.

Dazu müssen wir eine grundsätzliche Frage beantworten:

Nach welchen Kriterien kann ich beurteilen, ob Bewerbungsunterlagen optimal sind?

Im Kapitel „Die entscheiderInnen-orientierte Bewerbung" habe ich ausgeführt, welche Schritte man beim Erstellen von Bewerbungsunterlagen durchlaufen sollte, wenn man zum Bewerbungsgespräch eingeladen werden möchte.

Die Bewerbungsunterlagen sind die Eintrittskarte in das neue Unternehmen!

Dahinter steckt die Idee, dass es den entscheidenden Personen so leicht wie möglich gemacht werden muss zu erkennen, dass Sie perfekt auf die ausgeschriebene Stelle passen.

Die einzigen Entscheidungsgrundlagen dazu sind Ihre Bewerbungsunterlagen.

Wie können wir nun Einfluss auf diese Entscheidung nehmen?

Wenn wir in den Bewerbungsunterlagen möglichst konkret auf die speziellen Anforderungen der ausgeschriebenen Stelle eingehen.

Wenn wir die konkreten Verhältnisse des Unternehmens berücksichtigen und auf die konkreten Bedingungen eingehen.

Dann erfüllt eine Bewerbung, also Lebenslauf und Bewerbungsschreiben inkl. weiterer Anlagen, die Kriterien einer optimalen Bewerbung.

Diese Anforderungen kann ein Lebenslauf, der ohne zugrunde liegender konkreter Ausschreibung erstellt wurde, ex definitionem niemals erfüllen.

Ein Anzug von der Stange passt auch nicht jedem Träger. Aber auch der maßgeschneiderte Anzug für den Opernball, passt nicht für die Gartenparty.

Muss ich nun für jede Bewerbung alles neu schreiben?

Auf jeden Fall ist es ein MUSS das **Bewerbungsschreiben** für jede Stellenausschreibung NEU zu schreiben.

Natürlich können sie einzelne Passagen (zur Ausbildung, Schluss) wieder verwenden. Aber alle anderen Teile des Bewerbungsschreiben sind neu zu formulieren.

> **Formulieren Sie immer mit dem Ziel diese Frage zu beantworten:**
>
> Bringe ich die richtigen Qualifikationen und Berufserfahrungen mit, um dem neuen Unternehmen optimalen Nutzen zu bringen (der natürlich höher sein muss, als mein gewünschtes Gehalt)?

Muss auch der Lebenslauf IMMER neu geschrieben werden?

Auch der Lebenslauf, es steckt schon im Wort „Leben" drinnen, lebt mit jeder neuen Bewerbung mit.

Auch hier sind die bereits genannten Prinzipien der entscheiderInnen-orientierten Bewerbung zu beherzigen.

Die Grundstruktur (Persönliche Daten, Berufserfahrung, Ausbildung usw.) kann natürlich immer gleich bleiben.

Wenn Sie dabei meine „Tipps für einen optimalen Lebenslauf" befolgen, wird Ihr Lebenslauf die wichtigsten Erfolgskriterien erfüllen.

Auch inhaltlich können Sie umfangreiche Vorarbeiten leisten, im Kapitel „Inserate als Basis für eine maßgeschneiderte Bewerbung" habe ich einen Weg beschreiben, wie Sie für Ihre gewünschte Stelle eine gute Basis (Bausteine) für die Bewerbungsunterlagen erarbeiten können.

Die erarbeiteten Bausteine, das sind vor allem die Beschreibungen Ihrer konkreten Tätigkeiten in früheren bzw. der aktuellen Stelle, MÜSSEN aber auf die ausgeschriebene Stelle adaptiert werden.

Lassen Sie sich auch hier von diesen Fragen leiten:

Was ist für das suchende Unternehmen wichtig?

Welchen Nutzen/Mehrwert bringe ich aufgrund meiner Erfahrungen und Qualifikationen dem suchenden Unternehmen?

Mit welchen Lösungsstrategien habe ich Erfolge erzielt, die auch für das suchende Unternehmen interessant sind?

Wenn Sie mit ihren Bewerbungsunterlagen Erfolg haben wollen, dann versenden Sie nur maßgeschneiderte Bewerbungen!

Es gibt NICHT den EINEN optimalen Lebenslauf oder das EINE optimale Bewerbungsschreiben!

24 Inserate als Basis für eine maßgeschneiderte Bewerbung

In Inseraten (im Internet oder in Zeitungen) werden von den ausschreibenden Firmen die Anforderungen an die Stelle oder Tätigkeit meist ziemlich genau beschrieben.

Finden Sie nun heraus wo sich das Anforderungsprofil möglichst genau mit Ihrem Qualifikationsprofil deckt. Formulieren Sie daraus das Angebot, welches Sie diesem Unternehmen unterbreiten können.

Heben Sie besonders jene Punkte hervor, die direkt im Inserat gewünscht werden.

Schlüsselwörter finden

In Inseraten finden Sie aber auch die **Schlüsselwörter** und Begriffe, die Sie im Bewerbungsschreiben und im Lebenslauf verwenden müssen, damit Sie auch tatsächlich zum Vorstellungsgespräch eingeladen werden.

Das trifft umso mehr auf Unternehmen zu, die ihren Bewerbungsprozess automatisiert (**CV Parser**) haben und eine erste Vorauswahl automatisch getroffen wird.

Wenn Sie hier nicht die relevanten Begriffe, entweder im Online-Formular eingegeben oder in Ihrem Lebenslauf und Bewerbungsschreiben verwendet haben, dann landen Ihre Unterlagen im Datenmüll.

Aber auch wenn Menschen in der ersten Welle vorsortieren, wer in die engere Wahl kommt, spielen die Schlüsselbegriffe eine entscheidende Rolle.

Wie kommen Sie nun zu den richtigen Schlüsselbegriffen?

Dazu brauche Sie nur die Inserate genau zu analysieren. Versetzen Sie sich in die Rolle von potenziellen Arbeitgebern, damit Sie ihre Bedürfnisse in Bezug auf die ausgeschriebene Stelle möglichst gut verstehen können.

Suchen Sie sich **Inserate**, die **am besten Ihrem Berufsziel** entsprechen.

Das müssen Stellen sein, deren Aufgabenstellungen Sie tatsächlich beherrschen, wo Sie praktische Erfahrungen mitbringen (die Sie schriftlich belegen können), passende Qualifikationen und Ausbildungen mitbringen.

Um passgenaue Schlüsselbegriffe für Ihre Bewerbungsunterlagen ausarbeiten zu können, suchen Sie sich mindestens 10 passende Inserate.

Erstellen Sie sich nun eine Liste mit den häufigsten Schlüsselbegriffen für Qualifikationen, die bei den Inseraten gefordert werden.

Überlegen Sie sich auch konkrete Beispiele aus Ihrer Berufspraxis, wo Sie diese Qualifikationen für das Unternehmen gewinnbringend eingesetzt haben.

Am besten notieren Sie sich diese Beispiele, diese können in den Bewerbungsunterlagen, aber auch in Bewerbungsgesprächen wieder verwendet werden.

Erstellen Sie genauso eine Liste der häufigsten Aufgabenstellungen. Auch hier notieren Sie sich wieder konkrete Beispiele aus der Praxis.

Genauso können Sie mit den **Soft Skills** verfahren.

Überprüfen Sie nun die Notizen. Achten Sie besonders auf die **Muss-Kriterien** ("erwarten wir unbedingt", "auf jeden Fall", "mindestens", ...). Diese Anforderungen sollten Sie tatsächlich erfüllen!

Erfüllen Sie mindestens 70% bis 80% der **Kann-Anforderungen** (Paretoprinzip!) an Qualifikationen und Erfahrungen?

Wenn Sie diese Schwelle überschritten haben und die Muss-Kriterien erfüllen, dann bewerben Sie sich mit hoher Wahrscheinlichkeit auch auf die **richtigen** Stellen.

Sie müssen nicht 100% erfüllen, es sind sich auch die Arbeitgeber bewusst, dass kaum jemand am Arbeitsmarkt alle Anforderung und gewünschten Erfahrungen mitbringt.

Nun aber der Schritt mit dem Sie sich für Ihre Unterlagen, die wesentlichen Schlüsselbegriffe ausarbeiten.

Gehen Sie für alle gesammelten Inserate die **Qualifikationen** durch, die **alle gemeinsam haben**.

Wählen Sie dann die **Beschreibung/Formulierung** für diese Schlüsselbegriffe, die für alle **am besten passt**.

Beginnen Sie mit dem häufigsten Begriff und arbeiten Sie sich bis zu jenen Begriffen durch, die nur selten verwendet werden.

Machen Sie das gleiche für die **Berufserfahrungen und Aufgabenstellungen**, die in den Inseraten genannt werden.

Danach haben Sie jene Begriffe, die die Aufgaben am besten beschreiben.

Sie wissen nach diesem Schritt, was für die potenziellen Arbeitgeber an Anforderungen und Berufserfahrungen am wichtigsten ist.

Damit haben Sie jene Begriffe, die sie **unbedingt** in Ihrem Lebenslauf und Bewerbungsschreiben verwenden müssen.

Sie haben aber auch konkrete **Fallbeispiele** aus Ihrem Berufsalltag, die Sie in den Bewerbungsunterlagen verwenden können.

Bei einer Bewerbung brauchen Sie dann nur mehr kleinere Adaptierungen auf Basis der konkreten Ausschreibung vornehmen.

Sie haben dann einen Baukasten an Begriffen, der immer wieder nur neu zusammengestellt und auf das aktuelle Stellenprofil angepasst werden muss.

Ergänzen Sie Ihre Liste noch um Kompetenzen und Erfahrungen, die auch relevant sind für die ausgeschriebenen Stellen, aber noch nicht angeführt sind.
Analog können Sie auch für **Soft Skills** vorgehen. Erarbeiten Sie auch dafür eine konkrete Liste mit den häufigsten Begriffen und **konkreten** Beispielen für Ihre Person (z.B. Teamfähigkeit - im Projekt XY war ich für die Koordination verantwortlich).

Die Auflistung der konkreten Berufserfahrung ist auch sehr **nützlich in Bewerbungsgesprächen**, wenn Sie über Ihre Ausbildung und Berufserfahrung erzählen sollen.

Aber auch wenn Sie nach **Erfolgen** (oder Misserfolgen) gefragt werden, können Sie konkrete Beispiele nennen und verlieren sich nicht in sinnlosen Allgemeinplätzen, die kein Recruiter hören will.

Zusammenfassung:

Suchen Sie ca. 10 passende Inserate.

Schreiben Sie die geforderten Qualifikationen gereiht nach Häufigkeit in eine „Liste der Qualifikationen".

Schreiben Sie die Aufgaben/Tätigkeiten gereiht nach Häufigkeit in eine „Liste der Aufgaben und Tätigkeiten".

Schreiben Sie die Soft Skills gereiht nach Häufigkeit in eine „Liste der Soft Skills".

Suchen Sie den jeweils am besten passenden Begriff pro Aufgabe, Qualifikation und Soft Skill.

Suchen Sie konkrete Beispiele aus Ihrer Berufspraxis.

Verwenden Sie diese Bausteine im Lebenslauf und Bewerbungsschreiben.

Das ist nun auch eine wertvolle Basis für Ihr **Success-Portfolio.**

25 Bewerbungsschreiben

Das Anschreiben/Bewerbungsschreiben ist der Begleitbrief zu Ihrer Bewerbung.

Es ist es vor allen Dingen Ihr „Verkaufsbrief".

In aller Kürze auf einer Seite (in Absätze gegliedert!) vermitteln Sie der angeschriebenen Firma:

Warum es sich lohnt, Ihre Unterlagen im Detail durchzusehen.

Tipp:
Ihr Schreiben ist gelungen, wenn es in wenigen Absätzen den besonderen Wert (Ihr Mehrwert/Nutzen für das Unternehmen) Ihrer Person herausarbeitet.

Es hebt also gezielt jene Qualifikationen heraus, die Ihre Bewerbung für diese Firma besonders interessant macht.

Gestalten Sie Ihr Bewerbungsschreiben lesefreundlich. Gliedern Sie in Absätze und schreiben Sie kurze Sätze.

Machen Sie dazu den „Drei Zeilen-Test":
Nehmen Sie sich jeden Satz, der über mehr als drei Zeilen geht, noch einmal vor: Oft lässt er sich in zwei einfachere Sätze teilen!

26 Tipps für den Aufbau des Bewerbungsschreibens

Das Bewerbungsschreiben ist ein Geschäftsbrief. Daher sollten Sie sich hier an die Regeln halten, die sich dafür im Geschäftsleben etabliert haben.

Gliederung

Briefkopf/Absender
Empfängeradresse
Ort und Datum
Betreffzeile
Anrede
Text
Abschließender Gruß
Anlagen/Beilagen

Briefkopf/Absender:
Name, Anschrift, Telefon-/Faxnummer, E-Mail

Empfängeradresse:
Firmenname, "zu Handen"-Zeile , Adresse

Versuchen Sie den Namen der richtigen Ansprechperson zu eruieren. Achten Sie auf die korrekte Schreibweise und eventuelle Titel (speziell in Österreich!).

Oft genügt ein Anruf in der Telefonzentrale der Firma, um hier Klarheit zu schaffen.

Das „zu Handen" müssen Sie nicht mehr schreiben. Es reicht, wenn Sie den Namen der Person schreiben.

Ort und Datum:
Rechtsbündig auf Höhe der untersten Zeile der Empfängeradresse oder zwei Zeilen darunter.

Betreffzeile:
Ohne die Worte „Betrifft" oder „Betreff", durch Formatierung hervorgehoben (Schriftgröße, fett, aber keine ausgefallene Rahmen).

Anrede:
Allgemein („Sehr geehrte Damen und Herrn") nur, wenn Sie die richtige Ansprechperson nicht herausfinden konnten.

Text:
Formulieren Sie nun den Text mit gesundem Selbstvertrauen und positivem Selbstwertgefühl.

Führen Sie belegbare Argumente (keine leeren Floskeln!) an, warum Ihr Leistungsprofil dem Anforderungsprofil der Firma entspricht.

Achten Sie auf kurze, leicht lesbare Absätze und einen lockeren Seitenaufbau mit genügend Seitenrand.

Der Text muss zu Ihrer Persönlichkeit und Ihrem Charakter passen!

Daher kopieren Sie keine Musterschreiben, die lesende Person erkennt das sofort!

Deswegen gibt es auch in diesem Ratgeber keine fertig formulierten Bewerbungsschreiben, sondern nur Tipps für die Formulierungen.

Wunsch nach Vorstellungstermin:
Das ist Ihr eigentliches Ziel!
„Ich freue mich, wenn meine Bewerbung Ihr Interesse findet und ich mich persönlich bei Ihnen vorstellen darf."

Abschließender Gruß:
„Mit freundlichen Grüßen"
„Beste Grüße"

Unterschrift:
Fügen Sie eventuell eine eingescannte Unterschrift in das Anschreiben ein. Im seltenen Fall der Bewerbung per Post, vergessen Sie nicht persönlich zu unterschreiben!

Anlagen/Beilagen:
Pauschal („7 Anlagen") oder zählen Sie die beigelegten Anlagen auf.

27 Tipps für Einleitungssätze

Gute Einleitungssätze machen neugierig auf die weiteren Ausführungen. Sie machen sich damit interessant.

Beginnen Sie das Schreiben mit dem wichtigsten Argument, warum Sie der oder die Richtige für die Stelle sind.

> **Gehen Sie auf die Kernkompetenzen ein, die dem Unternehmen den meisten Nutzen bringen werden!**

Verweis auf Ausschreibung/Inserat:
Nachdem ich schon x Jahre praktische Erfahrungen als XXXXX sammeln konnte und mit meinem Studium XXXXXX, bin überzeugt, dass ich in Ihrem Unternehmen von großem Nutzen sein werde.

Verweis auf aktuelle Informationen:
Sie möchten Ihr Energiegeschäft in Südeuropa ausbauen, das las ich heute im Handelsblatt. Ich unterstütze Sie gern bei diesem Vorhaben.

Als Absolvent der TU Wien (Maschinenbau) mit fünfjähriger Berufserfahrung bei spanischen und italienischen Kraftwerkbetreibern biete ich Ihnen ..."

28 Tipps für Bewerbungsschreiben

Tipp 1:
Der Umfang eines Anschreibens bzw. Bewerbungsschreibens sollte nie eine Seite überschreiten.

Tipp 2:
Betreffzeile: Aus der Stellenanzeige bitte die Bezeichnung der ausgeschriebenen Position möglichst <u>genau</u> (ohne Zusätze wie z.B. m/w) übernehmen. Dann – abgesetzt durch einen Strich - Angabe des Fundortes der Anzeige (oder „Initiativbewerbung als ... ").

Tipp 3:
Telefonat: Haben Sie mit der entscheidenden Person (und nicht nur mit dem Sekretariat) telefoniert, müssen Sie darauf natürlich im ersten Satz eingehen.

Sofern jedoch in der Anzeige nicht der Wunsch nach telefonischer Kontaktaufnahme erkennbar ist und/oder Sie nicht mit dem Adressaten telefoniert haben, sollten Sie sich nicht durch verschiedene Abteilungen des Betriebes weiter verbinden lassen, um den folgenden Aufhänger zu haben:

„Vielen Dank für das freundliche Telefonat am heutigen Vormittag. Wie besprochen hier meine vollständigen Bewerbungsunterlagen."

Tipp 4:
Schon der anschließende Satz, bei fehlendem Telefonat ist das **der erste Satz,** sollte ohne große Vorrede direkt zur Sache kommen (siehe das Kapitel über Einleitungssätze!).

Tipp 5:
Gliedern Sie den Text in ca. vier bis fünf Absätze mit je einer Leerzeile dazwischen.

Tipp 6:
Aktiv gebildete Sätze mit vielen Verben klingen dynamisch, lassen Initiative und Selbstbewusstsein vermuten. Kürzen Sie unbedingt zu lange Sätze!

Tipp 7:
Belege / Beweise: Behaupten Sie nicht einfach nur, Sie seien teamfähig.

Geben Sie ein für diese Stelle relevantes Beispiel dafür an. Das Wort „teamfähig" muss darin nicht vorkommen.

Beispiel:
„Während meines Praktikums bei der Firma A beteiligte ich mich erfolgreich an fünf Projekten mit Mitarbeitern unterschiedlichster Fachabteilungen."

Tipp 8:
Schreiben Sie nicht, Sie „glauben, den Anforderungen gerecht zu werden".

Und was Sie nicht können, seien Sie gerne bereit zu lernen.

Nichts gegen Bescheidenheit, aber warum hätten Sie sich bewerben sollen, wenn Sie nicht **sicher** wären, den Anforderungen gerecht zu werden.

Tipp 9:
Vermeiden Sie **Selbstverständlichkeiten** wie z.B. „Alles weitere entnehmen Sie bitte meinem Lebenslauf."

Tipp 10:
Sofern definitiv eine **Gehaltsvorstellung** verlangt wird (und auch nur dann), geben Sie eine branchen- und ortsübliche Bandbreite auf Jahresbasis (brutto) an, etwa:

„Meine Gehaltsvorstellungen liegen bei ca. „83 bis 88 Tsd. Euro p.a. brutto".

Tipp:
Halten Sie sich unbedingt an Vorgaben und Anforderungen, die im Inserat angeführt sind!

Häufige Vorgaben:

Ansprechperson, Vorgaben für die Betreffzeile (Referenznummer, ...), Gehaltsvorstellung, Bewerbungsweg (Online-Formular, E-Mail, ...), Termine.

Gerade, aber nicht nur, im öffentlichen Sektor sind formale Vorgaben oft ein Ausscheidungsgrund, auch wenn Sie noch so perfekt auf die Stelle passen würden!

29 Sperrvermerke

Wenn Sie sich auf ein Inserat über einen Headhunter oder Personalvermittler bewerben, kann es vorkommen, dass Sie den Namen des Unternehmens bei dem Sie sich bewerben nicht kennen.

Sollten Sie sich zum Beispiel in ungekündigter Stelle befinden oder Sie wollen vermeiden, dass Ihre Unterlagen an Geschäftspartner oder die Konkurrenz weitergeleitet werden, dann ist es sinnvoll, wenn Sie in den Bewerbungsunterlagen einen "**Sperrvermerk**" anführen.

Sie können diesen Vermerk bereits im E-Mail anführen, damit der Text nicht mit Ihrem Bewerbungsschreiben an bestimmte Unternehmen weitergeleitet wird. Den Sperrvermerk können Sie auch zusätzlich noch im Bewerbungsschreiben anführen.

Diese Formulierungen werden für Sperrvermerke häufig verwendet:

„Ich bitte um vertrauliche Behandlung meiner Bewerbung und keine Weiterleitung der Unterlagen an............"

oder ganz einfach

„Bitte keine Weiterleitung an ...."

30 Initiativ-Bewerbung

Wenn Ihrer Bewerbung keine Stellenausschreibung vorangeht spricht man von einer Initiativ- oder Aktiv-Bewerbung.

Initiativ-Bewerbungen erschließen Ihnen neben den überlaufenen Jobinseraten ein breites Feld an zusätzlichen Chancen.

Sie kontaktieren in Frage kommende Firmen aktiv von sich aus. Sie haben zwar keine Gewissheit, ob derzeit für **Ihr Angebot** Bedarf besteht.

Aber auch kaum MitbewerberInnen, wenn Sie mit Ihrem Angebot gerade zu einem günstigen Moment kommen!

Bei dieser Art der Bewerbung müssen Sie das **Interesse des Unternehmens erst wecken**.

Der lesenden Person muss klar vor Augen geführt werden, warum Sie sich gerade bei diesem Unternehmen bewerben und an welcher Stelle Sie interessiert sind.

Erklären Sie ganz zu Beginn, warum Sie sich gerade bei dieser Firma und für welchen Tätigkeitsbereich (das muss keine konkrete Stelle sein) Sie sich bewerben.

Dazu ist es wichtig, dass Sie sich vorher über das Unternehmen informieren (Zeitungen, Internet, Firmenbroschüren).

Überlegen Sie sich, worauf das kontaktierte Unternehmen besonderen Wert legen könnte.

Finden Sie bei Ihrer Recherche heraus, welche Qualifikationen/Erfahrungen im Zielunternehmen von besonderer Bedeutung sind.

Welche Ihrer Qualifikationen können dort welchen konkreten Nutzen für das Unternehmen stiften?

Beschreiben Sie, welche Ressourcen Sie mitbringen, die für das Unternehmen besonders wertvoll sind!

Tipp:
Sie brauchen meist viele Chancen (=Firmen), um zu einem Bewerbungsgespräch zu kommen. Haben Sie es aber einmal zu einer Gesprächseinladung geschafft, dann sind Sie schon sehr weit!

31 Zeugnisse (Zertifikate)

Zu einer vollständigen und aussagekräftigen Bewerbung gehören auch Zeugnisse und Zertifikate ihrer Ausbildungen.

Auf jeden Fall sollten Sie das Zeugnis der höchsten abgeschlossenen Ausbildung mitschicken.

Weitere Zeugnisse und Zertifikate von Ausbildungen sind nur dann relevant, denken sie an das Stichwort „entscheidungsrelevant", wenn Sie für die ausgeschriebene Stelle eine wesentliche Bedeutung haben.

Auch ist die Aktualität wichtig. Ausbildungen, die Sie vor vielen Jahren gemacht haben, zeugen vielleicht nur von einem stark veraltetem Status Ihres Wissens!

Die wichtigsten Zeugnisse können Sie entweder in die Bewerbungsmappe einfügen oder in einer eigenen Datei mitschicken. Bei Online-Formularen gibt es fast immer einen eigenen Menüpunkt zum Hochladen der Dokumente.

Tipp:
Achten Sie auch auf eine gute Qualität der gescannten Dokumente. Bearbeiten Sie die Scans nach, schneiden Sie schwarze Ränder weg, achten Sie auf die Ausrichtung.

32 Dienstzeugnisse

In Österreich sieht der Gesetzgeber vor, dass Folgendes in einem Dienstzeugnis enthalten sein muss:

Allgemeine Angaben zur Person des Arbeitnehmers, genaue Bezeichnung des Arbeitgebers, Dauer des Arbeitsverhältnisses sowie Art der Tätigkeit.

Arbeitnehmer haben aber keinen Anspruch auf ein Zeugnis, das nähere Angaben über die Qualität der Arbeit, genaue Beschreibungen der Tätigkeiten und Verantwortungsbereiche enthält ("qualifiziertes Dienstzeugnis").

Wenn ein qualifiziertes Dienstzeugnis ausgestellt wird, darauf sollten Sie auch bestehen, dann legen Sie besonderen Wert darauf, dass Ihre Verantwortungs- und Tätigkeitsbereiche detailliert dargestellt werden.

Legen Sie eventuell dem Dienstgeber eine selbst geschriebene Version als Basis vor oder holen Sie sich die Unterstützung von einem darauf spezialisierten Berater.

Neben den gesetzlichen Bestandteilen und den ausführlichen Tätigkeiten müssen auch noch weitere Punkte enthalten sein.

Natürlich muss auch eine Beurteilung Ihrer Leistung, Weiterbildung, Arbeitsweise, Verhalten gegenüber KundInnen, Vorgesetzten und KollegInnen enthalten sein.

Bei der Beschreibung nur nicht bescheiden sein!

Alles außer Superlative wird als nicht sehr gute Bewertung interpretiert.

Auch der Grund des Ausscheidens wird normalerweise angeführt.

Bei der Schlussformulierung achten Sie auf Dank, Bedauern des Ausscheidens, Empfehlung und die besten Wünsche für die Zukunft.

33 Checkliste für Bewerbungsunterlagen

Damit Sie Interesse erwecken, sollten Ihre Unterlagen auf folgende Fragen eindeutig und schlüssig Auskunft geben:

- Welchen Nutzen können Sie dem Unternehmen bieten?
- Über welches Wissen und Können verfügen Sie?
- Wie sieht der bisherige berufliche Werdegang aus?
- Sind die Tätigkeitsfelder in stetiger Weise anspruchsvoller und schwieriger geworden?
- Ist die Verantwortung gestiegen? Wenn nicht, welche Gründe liegen vor?
- Ist eine logische Struktur hinter den bisherigen Stellenwechseln erkennbar?
- Ist die ausgeschriebene Stelle ein logischer Schritt in der beruflichen Weiterentwicklung?
- Warum interessieren Sie sich für die ausgeschriebene Stelle? Was ist Ihre Motivation?
- Welche Erwartungen haben Sie an die Stelle?
- Wie sehen Ihre weiteren beruflichen Ziele aus?

- Können Sie eventuelle Lücken durch Weiterbildung schließen?
- Wie groß ist Ihr Entwicklungspotential?
- Wie wichtig sind Ihnen Familie und Freizeitgestaltung?
- Welche Bedingungen bezüglich Arbeitsplatz, Arbeitszeit und Gehalt haben Sie? Welche davon können erfüllt werden?
- Wie ist Ihre Einstellung zu Arbeit und Verantwortung?

34 Bewerbungsvideos

Wann lohnt sich ein Bewerbungsvideo?

Im häufiger kann man nun in verschiedenen Medien über Bewerbungsvideos lesen.

Es zeichnet sich ein Trend ab, der sicher in der nächsten Zeit sehr viel stärker wird. Telefon- oder Videointerviews werden derzeit schon sehr häufig eingesetzt, immer mit dem Ziel den Bewerbungsprozess effizienter zu machen.

Das sind einerseits sehr zeiteffiziente Möglichkeiten, andererseits ist der Eindruck am Telefon oder im Videochat ein wichtiges weiteres Entscheidungskriterium, welches den Bewerbungsprozess zielsicherer machen kann.

Hier kann nun auch der/die BewerberIn aktiv werden und schon proaktiv von sich einen positiven Eindruck beim Unternehmen hinterlassen.

Das Bewerbungsvideo ist eine gute Möglichkeit sich von anderen BewerberInnen abzuheben und sich schon im ersten Schritt der Bewerbung einen Startvorteil zu verschaffen.

Zwar wird ein Bewerbungsvideo nicht für alle Branchen bzw. ausgeschriebenen Stellen sinnvoll sein, aber überall dort, wo es um Kreativität, Initiative und Ausstrahlung geht, macht es auf jeden Fall Sinn.

Branchen, wie Medien, Journalismus, Werbung, alle Stellen mit Kundenkontakt oder die mit Verkauf zu tun haben, sind prädestiniert für dieses Bewerbungsmedium.

Aber derzeit sollte es immer nur zusätzlich zur klassischen Bewerbung mit Bewerbungsschreiben und Lebenslauf eingesetzt werden, dort kann ein Link auf ein Bewerbungsvideo und/oder ein QR-Code eingebaut werden.

Inhalt

Mehr von sich zeigen, zeigen wie man ist und das Abrunden der klassischen Bewerbung sind nur einige Argumente, die für ein Bewerbungsvideo sprechen. Auf jeden Fall ist ein Video aussagekräftiger als ein Foto.

Wichtig ist eine kreative und hochwertige Umsetzung. Es darf keine Aufzählung des Lebenslaufs sein. Wichtigster Inhalt sollte die Motivation für die Bewerbung um die Stelle sein.

In prägnanter und überzeugender Weise müssen die wichtigsten Gründe vermittelt werden, warum Sie als MitarbeiterIn dem Unternehmen nützlich sein werden.

Warum ich? Diese Frage wird in einem kurzen Statement treffsicher beantwortet.

Nach einer (sehr) **kurzen Vorstellung** sollten schon die wesentlichen Meilensteine des Werdegangs, die Erfolge dargestellt werden und warum Sie sich bei genau diesem Unternehmen bewerben.

Auch die **beruflichen Ziele** haben hier ihren Platz.

Sind Sprachen für die Stelle wichtig, können auch Teile des Bewerbungsvideos in einer Fremdsprache aufgenommen werden.

Wenn Sie den Namen des Unternehmens nennen bei dem Sie sich bewerben, können Sie klar zeigen, dass dieses Video ganz speziell für dieses Unternehmen gemacht wurde.

Abgerundet kann das Video mit ein paar **persönlichen Details** werden. Was zeichnet Ihre Persönlichkeit aus? Was sind Ihre Leidenschaften/was machen Sie in der Freizeit?

Der **Text** muss sehr gut vorbereitet werden. Beim Drehen ist darauf zu achten, dass man nicht den Eindruck gewinnt er wird abgelesen. Lieber kürzere Szenen drehen mit kurzen und prägnanten Statements, als lange wenig strukturierte Reden halten.

Die **Übergänge** zwischen den Szenen können durch eingeblendete Fragen oder spezielle Übergangseffekte, wie Sie jede Videobearbeitungssoftware bietet, gestaltet werden.

Achten Sie auch auf ein gelungenes **Ende**, es soll ein abgerundeter Eindruck von der Vorstellung bis zur Verabschiedung (dem Abspann) entstehen.

Dazu kann sich auch ein Hinweis auf das bald kommende persönliche Gespräch eignen oder der Ausdruck der Freude bald zum Team zu gehören.

Abschließend kann man auch noch die Kontaktdaten einblenden.

Länge

Die Geduld der EntscheidungsträgerInnen im Bewerbungsprozess sollte nicht überstrapaziert werden, daher lieber **kurz** und bündig bleiben, eine gute Richtgröße für die Länge kann 100 Sekunden +/- 20 sein.

Lieber weniger, als langatmig und nur eine Wiederholung von Lebenslauf und Bewerbungsschreiben.

Setting und Outfit

Für einen professionellen Eindruck sind auch „Nebensächlichkeiten" dringend zu beachten.

Achten Sie auf den Hintergrund, ein helles Büro oder das geordnete Bücherregal im Hintergrund sind mögliche Settings.

Im Bildausschnitt oder bei einem Schwenk sollten keine ungewollten Gegenstände ins Bild kommen (der Wäschekorb oder ein Kabelsalat der EDV sind nicht wirklich förderlich).

Für **Bekleidung** und Körpersprache gelten dieselben Regeln, wie bei einem Bewerbungsgespräch (Businessoutift, Haltung der Arme/Beine und Mimik).

Der Vorteil beim Drehen eines Bewerbungsvideos ist, dass Sie die Szene wiederholen können, bis das Ergebnis optimal ist.

Deswegen ist es auch günstig in klar abge-
trennten Szenen mit Überblendung (dazu eignen
sich auch Texteinblendungen mit Fragen) zu
arbeiten, so können die Szenen auch einfach
mehrmals gedreht werden (auch Szenen, wo Sie
den Firmennamen erwähnen).

Zu achten ist auch auf die **Geräuschkulisse** im
Hintergrund, besonders bei Dreharbeiten im
Freien.

Ganze Szenen und/oder die Übergänge können
mit einer unaufdringlichen Musik unterlegt
werden.

Online speichern oder als Link verschicken

Natürlich muss das Video nun auch dem Unternehmen zur Verfügung gestellt werden.
Verwenden Sie ein gängiges Videoformat, das
problemlos mit jedem standardmäßig instal-
liertem Videoplayer abgespielt werden kann.

Das Bewerbungsvideo kann beispielsweise in der
Cloud gespeichert werden (Google Drive,
Dropbox, GMX Mediacenter, u.ä.) und dann per
Link freigegeben werden.

Manche Anbieter von Bewerbungsvideos stellen
auch einen eigenen Speicherplatz mit Verlinkung
zur Verfügung. Den Link darauf kann man in das
Bewerbungsschreiben und/oder Lebenslauf
integrieren.

Was ist alles in einem guten Angebot für ein Bewerbungsvideo enthalten?

Sie können ihr Bewerbungsvideo auch mit einer (guten!) Handy-Kamera selbst drehen (auf jeden Fall nicht im Selfie-Stil!).

Neben den Qualitätsproblemen beim Ton, wird aber auch die restliche Qualität unter dem nicht professionellem Equipment leiden.

Ob die erreichte Qualität ausreichend ist, hängt nun von der Stelle, der Branche und den dort herrschenden Standards ab.

Wenden Sie sich lieber an **Profis**, die Erfahrung mit diesem Bewerbungsformat haben, dann werden all die vorher beschriebenen Faktoren auch professionell umgesetzt werden.

Für ein professionelles Bewerbungsvideo sind Sie ab einem Preis von 200 Euro aufwärts dabei.

Ein umfassendes Angebot enthält nicht nur den Videodreh selbst, sondern auch Maske/Frisur-/Outfit- und Drehort-Beratung.

Auch Körpersprache, Hintergrundmusik, Schnitt und Überblendungen machen einen großen Anteil aus, ob Sie mit ihrem Bewerbungsvideo einen überragenden Eindruck machen werden.

Ein Gesamtpaket, inklusive Stellen- und Qualifikationsanalyse , wird sich aber auch entsprechend im Preis niederschlagen, auch der zeitliche Aufwand dafür ist entsprechend groß.

Zusammenfassung der Tipps für Bewerbungsvideos

Argumente für ein Bewerbungsvideo
Mehr von sich zu zeigen
Abrunden der klassischen Bewerbung
aussagekräftiger als ein Foto
Möglichkeit sich von anderen BewerberInnen abzuheben

Branchen
Medien
Journalismus
Werbung
alle Stellen mit Kundenkontakt

Wichtig ist
Kreative und hochwertige Umsetzung
Keine Aufzählung des Lebenslaufs
Warum ich?
Berufliche Ziele
Was sind Ihre Leidenschaften/was machen Sie in der Freizeit?

Länge
Richtgröße 100 +/- 20 Sekunden.

Franz Bauer

V. Abschnitt – Bewerbungsgespräch

Die Kapitel im Detail:

Bewerbungsgespräch – Fragen Kür und Pflicht
Telefoninterview und Video-Interview
Hearing
Der Headhunter ruft an

35 Bewerbungsgespräch – Kür und Pflicht

Wenn Sie die bisherigen Kapitel gewissenhaft durchgearbeitet haben, dann werden Sie alle Fragen im Bewerbungsgespräch mühelos beantworten können.

Die Einteilung von Fragen, die zur Pflicht und Kür gehören, ist in diesem Buch folgendermaßen definiert:

Auf Pflichtfragen können Sie sich gut vorbereiten. Kürfragen entstehen aus der Situation oder sind Auswuchs der Kreativität oder Eigenart der interviewenden Personen.

Tipp:
So unterschiedlich wir Menschen sind, so unterschiedlich werden auch die Bewerbungsgespräche verlaufen.

Von freundlich und nett bis zu stressig, unsympathisch.

Daher immer so handeln, wie Sie es in jeder anderen professionellen Situation machen würden, egal wie Ihr gegenüber handelt.

Pflicht:

Zu dieser Kategorie gehören alle Fragen auf die Sie sich gründlich vorbereiten können. Das sind Fragen, die Sie in jedem Bewerbungsberater mit vorformulierten Antworten und vielen Tipps dazu finden können.

Bei mir werden Sie aber die Antworten vergeblich suchen! Warum?

Sie haben alle diese Fragen zu Ihren Qualifikationen, Berufserfahrungen, Berufsstationen, Stärken und Schwächen, Erfolgen und Misserfolgen, Fragen zum Unternehmen, „warum gerade Sie?" bereits selbst beantwortet!

Blicken Sie zurück zu den ersten Kapiteln, dort haben Sie sich diese Fragen schon an Hand der dort gestellten Fragen beantwortet und ausgearbeitet, hoffentlich auch strukturiert notiert.

Kür:

Unter diese Kategorie gehören Fragen auf die Sie sich nicht detailliert vorbereiten können.

Das sind Fragen, die aus der konkreten Situation entstehen, die sich aus dem Gespräch ergeben.

Aber keine Bange, auch diese Fragen können Sie problemlos beantworten! Sie wissen sehr gut über die Firma und die Branche Bescheid, Sie sind SpezialistIn für die Stelle auf die Sie sich beworben haben.

Sie führen ein Gespräch als Fachkraft mit einem Gesprächspartner, der herausfinden will, ob Sie die richtige Person für die ausgeschriebene Stelle sind.

Es ist ein Gespräch auf gleicher Augenhöhe, das Unternehmen sucht jemand mit bestimmten Erfahrungen und Qualifikationen. Sie sind der Anbieter oder die Anbieterin genau dieser Anforderungen.

In diesem Gespräch wird nur mehr geklärt, ob Sie zusammen passen. Sie wurden zu diesem Gespräch eingeladen, weil Sie schon in den Bewerbungsunterlagen dargestellt haben, welchen Nutzen Sie dem Unternehmen bringen werden. Wegen des Mehrwerts für das Unternehmen, wurden Sie eingeladen!

Antworten Sie bei den Fragen aus der Kategorie Kür einfach als Fachkraft!

Antworten Sie so, als ob Sie mit einem Kunden verhandeln, der Ihre Dienstleistung als spezialisierte Fachkraft einkaufen möchte, seien Sie professionell.

Dann gibt es aber auch noch andere Fragen, die auch in die Kategorie Kür fallen. Das sind Fragen, die Sie absolut überraschen werden. Fragen, die im ersten Moment nur skurril, verrückt und eigenartig klingen.

Warum Sie gestellt werden, ist genaugenommen sekundär. Entweder hat Ihr/e GesprächpartnerIn gerade ein gehyptes Buch über Interviewtechniken gelesen oder einen Artikel in einem Fachblatt über Recruiter.

Früher waren das Fragen über Märchenfiguren und Lieblingsfilmrollen (das sind nun schon Fragen aus dem Bereich Pflichtfragen).

Mit ein wenig Abstraktionsvermögen lässt sich leicht dabei ableiten, auf welchen Persönlichkeitsbereich die Frage abzielt.

Aber über Ihre persönlichen Stärken und Schwächen-Analyse haben Sie sich beim Durcharbeiten der ersten Kapitel dieses Buches schon viele Gedanken gemacht.

Also kein Problem hier, eventuell nach einer Rückfrage, wie Sie nun diese Frage verstehen sollen (Sie schaffen sich damit Zeit zum Nachdenken), eine passgenaue Antwort zu finden.

Manche Fragen aus diesem skurrilen Bereich wollen aber auch einfach nur testen, wie Sie auf außergewöhnliche Situationen reagieren. Verschreckt? Abwehrend? Kreativ? Lösungsorientiert?

Wie viele Tennisbälle passen in den Stephansdom oder in den Kölner Dom?

Wie könnten Sie darauf antworten? Wählen Sie den Weg, den Sie auch in einer beruflichen Situation gehen würden, wenn Sie vor eine besondere Aufgaben gestellt werden!

Kreativ oder analytisch, humorvoll oder technisch, je nachdem welche Eigenschaft am meisten bei der ausgeschriebenen Stelle gefordert wird und die Sie natürlich mitbringen, sonst hätte Sie es nicht soweit im Bewerbungsprozess geschafft!

Tipp:
Holen Sie Informationen über die/den GesprächspartnerIn ein!

Googlen Sie die Person, schauen Sie auf XING oder LinkedIn nach mit wem Sie das Gespräch führen werden!

So ist das Gegenüber nicht mehr eine anonyme Person.

Sie haben schon vor dem Gespräch, Telefoninterview oder Gespräch per Skype ein Gesicht zum Namen.

Das schafft mehr Sicherheit!

36 Telefoninterview und Video-Interview

Immer häufiger werden nach der ersten Durchsicht der Bewerbungsunterlagen aussichtsreiche und interessante BewerberInnen vorab telefonisch oder per Video-Telefonie (Skype u.ä.) kontaktiert.

Bei diesem Telefoninterview (= telefonisches Bewerbungsgespräch) geht es dem Recruiter vorrangig darum, einen ersten Eindruck zu gewinnen und eventuelle Fragen zum Lebenslauf zu klären.

Wurde vorab kein genauer Termin dafür per Mail vereinbart, dann müssen Sie nicht jederzeit und an jedem Ort dieses Telefonat führen.

Verweisen Sie auf den Umgebungslärm, auf die ungünstige Situation, Ihr Gegenüber hat sicher Verständnis dafür, wenn Sie sich einen andern Termin für diese Telefoninterview vereinbaren.

Grundsätzlich gilt, egal ob persönliches Gespräch, Telefoninterview oder Skype, die Vorbereitung ist immer die gleich intensive.

Ihre Notizen, alle Bewerbungsunterlagen (Lebenslauf, Bewerbungsschreiben, Inserat, Zeugnisse) liegen sortiert bereit. Ein Notizblock liegt vor Ihnen.

Sogar Ihre Bekleidung, Sitzhaltung und Mimik sollte immer so sein, als ob Sie im persönlichen Bewerbungsgespräch sind.

So eigenartig es klingen mag, aber Ihr gegenüber wird es merken (bei Skype ist es aber sowieso klar!).

Bei Skype-Gesprächen achten Sie auch darauf, was die Kamera im Hintergrund zeigt! Sehe Sie dazu auch die Anmerkungen zum Bewerbungsvideo.

Die Fragen können ganz ähnlich sein, wie sie im Kapitel über das Bewerbungsgespräch behandelt wurden.

37 Hearing

Für Führungsfunktionen, aber nicht nur für diese, werden auch häufig Hearings durchgeführt.

Grundsätzlich versteht man unter einem Hearing, wenn man als BewerberIn mehreren interviewenden und/oder beobachtenden Personen gegenüber steht.

Die Beobachter (Hearing-Kommission) sollen dabei aus unterschiedlichen Gesichtspunkten die Eignung der Kandidaten beurteilen. Häufig geschieht das auf Basis eines Kriterienkatalogs.

Das Hearing kann auch durch Fallbeispiele, Rollensimulationen und Präsentation von vorzubereitenden Fachaufgaben etc. angereichert sein.

Meist erhält die/der BewerberIn mit der Einladung zum Hearing auch eine detaillierte Ablaufbeschreibung.

Daher kann man sich darauf auch sehr gut vorbereiten. Dabei können Sie auf das Success-Portfolio, die ausgearbeiteten Kompetenzen und Erfahrungen zurückgreifen.

38 Assessment Center

Das Assessment Center (AC) ist der große Bruder des Hearings.

Assessment Center (engl. to assess = bewerten, einschätzen; center = Zentrum, Mittelpunkt–Abkürzung: AC) sind Auswahlverfahren im Recruiting.

In einem zeitlichen Rahmen von ein bis drei Tagen absolvieren die Bewerber verschiedene Assessment Center Übungen, z.B. eine Selbstpräsentation, eine Gruppendiskussion oder ein Rollenspiel.

Das Ganze wird durch speziell geschulte Assessment Center Bobachter analysiert und bewertet.

Bei der Selbstpräsentation können Sie sich an die Empfehlungen in diesem Buch aus dem Kapitel über die entscheiderInnen-orientierte Bewerbung halten. Damit sind Sie auf einem sehr guten Weg.

Wenn Sie dann auch noch die Tipps aus dem Kapitel BSC der Führungskräfte-Kompetenzen berücksichtigen, sind Sie bestens darauf vorbereitet.

Für psychologische Tests, die auch häufig Teil eines ACs sind, besorgen Sie sich am besten eine DVD mit Tests aus dem Internet bzw. aus einer Buchhandlung.

Sie können sich damit sehr gut auf diese Tests vorbereiten, auch wenn eine Vielzahl von unterschiedlichen Tests gibt. So bekommen Sie aber eine gewisse Routine, die beim Bearbeiten der Tests sehr nützlich ist.

Auch wenn Sie Konzepte, Ausarbeitungen von Fallstudien und Praxisbeispielen präsentieren müssen, können Sie sich an die Struktur der BSC halten. Das bringt eine klare Gliederung in Ihre Präsentation und Sie werden so alle wichtigen Komponenten berücksichtigen.

Was bei Assessment Center manchmal von den BewerberInnen vergessen wird, ist die dauernde Beobachtung unter der Sie stehen.

Das beginnt beim Betreten des Gebäudes und endet erst bei der Verabschiedung. Auch die Pausen, gemeinsame Essen und zwanglose Gespräche können und werden oft durch von den Beobachtern bei der Bewertung berücksichtigt.

39 Der Headhunter ruft an

Der Headhunter hat mich gefunden

Damit ein Headhunter überhaupt auf Sie aufmerksam werden kann, muss er Sie zuerst finden.

Dazu muss Ihr Profil auf XING oder LinkedIn (besser ein sehr gutes Profil, als viele nichtssagende Auftritte auf vielen Plattformen) aussagekräftig gestaltet sein.

Präsentieren Sie sich dort als Experte mit Ihren Erfolgen. Die Headhunter verwenden jene Suchbegriffe, die für die ausgeschriebene Stelle typisch sind.

Wenn Sie sich an die Tipps in diesem Buch halten, dann haben Sie genau diese Begriffe bei der Beschreibung Ihrer Stellen und Tätigkeiten verwendet.

Bringen Sie firmenspezifische Stellenbezeichnungen und Aufgabenbeschreibungen in eine Sprache, die allgemein verwendet wird.

Ihre Tätigkeiten haben Sie mit Begriffen beschrieben, wie Sie diese häufig in Inseraten gefunden haben. Schauen Sie sich dabei speziell Inserate an, die von Headhuntern geschrieben wurden.

Nur so werden Sie gefunden!

Initiativ-Bewerbung beim Headhunter

Wenn Sie selbst den Kontakt zum Headhunter suchen, dann ist die Auswahl des Headhunters besonders wichtig.

Sie müssen sich als BewerberIn in das Geschäftsfeld des Headhunters einfügen.

Analysieren Sie daher den Internetauftritt und die Inserate, die der Headhunter geschaltet hat.

Die erste Kontaktaufnahme durch Sie kann per Telefon oder Mail erfolgen.

Senden Sie ein Mail, dann präsentieren Sie sich als qualifizierte/r BewerberIn mit Ihren Erfolgen.

In diesem Mail senden Sie ein Bewerbungsschreiben und einen Lebenslauf mit, der so aufbereitet ist, wie wir es in diesem Buch beschrieben haben.

Auch hier gelten wieder die Prinzipien der entscheiderInnen-orientierten Bewerbung. Der Headhunter entscheidet, ob er Sie bei einer Firma vorstellt oder nicht.

Gespräche mit dem Headhunter

Wenn Sie ein Headhunter anruft, dann achten Sie darauf, dass Sie auch ungestört sprechen können. Wenn nicht, bitten Sie um einen späteren Anruf oder lassen Sie sich die Nummer geben und rufen Sie selbst an. Der Headhunter hat sicher Verständnis dafür.

Der Headhunter kontaktiert Sie, daher lassen Sie diesen erzählen, worum es geht, was er anzubieten hat.

Auch wenn Sie nicht gerade wechseln wollen, hören Sie sich das Angebot an. So können Sie Ihren Marktwert abschätzen.

Haben Sie aber Interesse an der angebotenen Stelle, dann liegt es auch an Ihnen Fragen zu stellen.

Sie können auf jeden Fall Details zur Stelle erfragen. Auch wenn Sie zu Beginn nicht sonderlich interessiert waren, könnte mit der Zeit Ihr Interesse geweckt werden!

Hierarchische Einordnung, Kompetenzen, Aufgaben und Verantwortungsbereich sind geeignete Themen für Nachfragen.

Welches Unternehmen genau es ist, werden Sie im ersten Gespräch kaum erfahren, auch eine Frage nach dem Gehalt ist noch verfrüht.

Bei Interesse sollte nun natürlich ein persönliches Gespräch vereinbart werden.

Dabei wird es um ähnliche Fragenkomplexe gehen, die wir in diesem Buch schon bearbeitet haben.

Bringen Sie die richtigen Qualifikationen und Berufserfahrungen mit?

Passen Sie zur Unternehmenskultur mit Ihrer Persönlichkeit und Ihrem Führungsstil?

Was sind Ihre größten Erfolge und Herausforderungen gewesen?

Aber auch Ihre Karriereziele werden hinterfragt werden. Die Gründe für Ihre Bereitschaft zu wechseln und Ihre Vorstellungen eines neuen Jobs werden in einem professionell geführten Gespräch ein Thema sein.

Es könnte auch sein, dass Sie zu einem Assessment Center eingeladen werden. Dort werden Sie verschiedene psychologische Tests und ausgefeilte Übungen durchlaufen.

Setzt Sie der Headhunter auf seine Shortlist, dann wird er Sie auch bei seinem Kunden präsentieren. Klären Sie vorher aber ab, bei welchen Firmen Sie auf keinen Fall („Sperrvermerk") vorgestellt werden wollen.

Aber wenn Sie auf die Shortlist kommen, dann erfahren Sie normalerweise auch um welche Firma es sich handelt.

Beim ersten gemeinsamen Gespräch mit der Firma übernimmt der Headhunter die Rolle des Moderators.

Davor gibt es immer ein ausführliches Briefing. Dabei wird Sie der Headhunter sehr konkret informieren, Sie darauf vorbereiten, was Sie erwarten wird.

Der Headhunter möchte natürlich nur die besten Kandidaten im besten Licht präsentieren. Es liegt daher in seinem Interesse, dass Sie bestens vorbereitet in dieses Gespräch gehen.

Danach wird das Unternehmen, eventuell nach weiteren Gesprächen, entscheiden, wer die Stelle in Zukunft besetzen wird.

Franz Bauer

VI. Abschnitt – Selbstständigkeit und Studium

Die Kapitel im Detail:

Selbstständigkeit in der Bewerbung
Studium in der Bewerbung
Zum Schluss – Die besten Tipps kompakt

40 Selbstständigkeit in der Bewerbung

Sind Selbstständige, die wieder als Angestellte arbeiten wollen, mit dem Makel des Scheiterns behaftet?

Selbstständige bringen sehr viel Positives mit! Sie haben leider auch mit einigen Vorbehalten zu kämpfen.

Eine fundierte Analyse Ihres Scheiterns als Unternehmer kann im Bewerbungsprozess Ihre Fähigkeiten zur Markt- und Unternehmensanalyse werden!

Wenn Sie wehleidig Ihr Scheitern beklagen, dann legen Sie sich selbst einen Fallstrick.

Ihr Scheitern mit einer fundierten Markt-, Kunden- und Prozessanalyse zu präsentieren, das Ganze noch mit einer Portion Selbstkritik, vermittelt gleich ein ganz anderes Bild.

Als Chef oder Chefin hatten Sie das sagen, nun sollen Sie sich aber plötzlich wieder unterordnen? Können Sie das nach Jahren der Selbstständigkeit überhaupt noch?

Sie haben doch immer mit Kunden, Auftraggebern und Projektmitarbeitern zusammengearbeitet, also sind Sie sehr teamfähig und haben auch noch Ihre Entscheidungsfähigkeit und -freude tagtäglich bewiesen! Was wird in Zeiten von Einsparungen überall gerne gesehen?

Das extrem hohe Kostenbewusstsein von (ehemals) Selbstständigen! Jeden Euro, den Sie ausgegeben haben, war Ihr eigener Euro, daher haben Sie ihn drei Mal umgedreht bevor Sie investiert haben!

Der/die selbstbewusste, kunden- und serviceorientierte ehemalige Unternehmer oder Unternehmerin mit hohem Kostenbewusstsein ist sicher gerne gesehen!

41 Studium in der Bewerbung

Müssen Geisteswissenschaftler Taxi fahren?

Vor allem Absolventen und Absolventinnen von Geisteswissenschaftlichen Studien stehen oft vor der Frage, welches Wissen und welche Fähigkeiten Sie „der Wirtschaft" anbieten können.

Das sind auf jeden Fall mehr, als viele StudienabgängerInnen es glauben!

Während des Studiums haben Sie gelernt mit großen Mengen an Informationen umzugehen. Bei jeder Arbeit, die Sie geschrieben haben, war es wichtig aus einer Fülle von Informationsquellen, das Wesentliche heraus zu filtern.

Dabei haben Sie auch gelernt klar zu strukturieren und klar zu formulieren. Ohne Abstraktionsvermögen hätten Sie das Studium nie geschafft.

Sie mussten Ihre Arbeiten vor StudienkollegInnen, Fachleuten und Professoren verteidigen und trainierten so Ihre Argumentationsfähigkeit.

Wenn Sie in Forschungs- und Seminargruppen gearbeitet haben, dann mussten Sie dort Ihre Teamfähigkeit unter Beweise stellen.

42 Zum Schluss – Die besten Tipps kompakt

Halten Sie sich an die folgenden Tipps, dann sind Sie am besten Weg zum Erfolg Ihrer Bewerbung!

Tipps zum Erfolg

Am anderen Ende entscheidet jemand, ob Sie für die Stelle geeignet sind.

Versetzen Sie sich in diese Person!

Was ist das **Wichtigste** für diese Person?

Was braucht diese Person für **Informationen**, um zu entscheiden?

Wie können Sie ihr diese **Entscheidung** möglichst leicht machen?

Welche Ihrer früheren **Erfolge** sind Basis für die zukünftigen Erfolge Ihres neuen Arbeitgebers?

Welchen **Mehrwert/Nutzen** bringen Sie dem neuen Unternehmen?

Erfolgskiller

Vermeiden Sie sinnlose **Füllsätze** und **Füllwörter**!

Schleimen Sie sich nicht ein!

Bleiben Sie unbedingt **ehrlich** bei der Darstellung Ihrer Erfolge und Fähigkeiten.

Unstrukturierte Unterlagen und **copy&paste** bringen Sie um den Top-Job!

Befolgen Sie diese Tipps und Sie sind am besten Weg zum Erfolg!

Franz Bauer

ÜBER DEN AUTOR

Mag. Franz Bauer hat an der Wirtschaftsuniversität Wien Betriebswirtschaft studiert und danach viele Jahrzehnte als Unternehmensberater gearbeitet.

Seit 2005 ist er als selbstständiger Bewerbungs- und Karriereberater erfolgreich.

Dieses Buch entstand auf Basis der Erfahrungen aus sehr vielen Beratungen.

Diese Vielfalt an Erfahrungen aus unterschiedlichen Branchen, Führungskräfte von AbteilungsleiterInnen bis zu GeschäftsführerInnen, aber auch Schul- und StudienabgängerInnen, ältere Arbeitssuchende bis Führungskräfte auf dem Schritt zur nächsten Stufe auf der Karriereleiter, wurde in diesem Buch verarbeitet.

Weitere Informationen und Kontaktdaten finden Sie auf www.franz-bauer.at.

www.ingramcontent.com/pod-product-compliance
Lightning Source LLC
Chambersburg PA
CBHW020422220526
45464CB00002B/535